Hermann Böckle
Mitglied der liechtensteinischen Rechtsanwaltskammer

Wer ist Gott und was will Gott?

Hermann Böckle

Wer ist Gott und was will Gott?

Betrachtungen über Gott als den Schöpfer
aller sichtbaren und unsichtbaren Dinge

Rediroma-Verlag

Bibliografische Information der Deutschen Nationalbibliothek:
Die Deutsche Nationalbibliothek verzeichnet diese Publikation in der Deutschen Nationalbibliografie; detaillierte bibliografische Daten sind im Internet über http://dnb.ddb.de abrufbar.

ISBN 978-3-96103-076-7

www.rediroma-verlag.de
6,95 Euro (D)

Inhalt

Vorwort

Nach Abschluss meiner beruflichen Tätigkeit als Rechtsanwalt habe ich den Versuch unternommen, mich mit religiösen und philosophischen Sachverhalten näher zu befassen. Ich habe im Laufe meines Lebens verschiedene schulische Ausbildungen durchgemacht und drei völlig unterschiedliche Berufe ausgeübt.

Als erstes habe ich die Volks- und Handelsschule absolviert und bin dann von 1958 bis 1978 als Textilkaufmann tätig gewesen. Neben meiner diesbezüglichen beruflichen Tätigkeit habe ich von 1974 bis 1977 die Handelsakademie für Berufstätige absolviert und wechselte im Jahre 1978 als Lehrer in den Schulbereich und zwar an eine kaufmännische Berufsschule. Gleichzeitig begann ich neben meiner Tätigkeit als Lehrer das Studium der Rechtswissenschaften. Dieses Studium habe ich 1982 erfolgreich mit dem Doktorat abgeschlossen. Zwischendurch habe ich auch das Studium der Berufspädagogischen Akademie erfolgreich absolviert und dort neben den kaufmännischen Fächern auch die rechtliche Befähigung zum Religionslehrer für Berufsschulen erworben. Neben meiner Tätigkeit als Lehrer an der Berufsschule und Handelsschule und Handelsakademie sowie als Lektor für Straf- und Verfassungsrecht an der Universität Klagenfurt und Linz habe ich die Ausbildung zum Rechtsanwalt in Österreich und Liechtenstein vorgenommen. Im Jahre 1983 wurde ich in Österreich in die Liste der Verteidiger in Strafsachen und im Jahre 1997 als Rechtsanwalt in die Liste der Rechtsanwälte in Österreich und Liechtenstein eingetragen. Bis zu meinem Pensionsantritt habe ich den Beruf des Rechtsanwaltes in Liechtenstein ausgeübt.

Was meine private »Entwicklung« anbelangt, habe ich 1962 geheiratet, 1964 und 1966 wurden mir zwei Töchter geboren.

Zwischenzeitlich bin ich stolzer Großvater von vier Enkelkindern und meine Frau und ich konnten heuer den 54. Hochzeitstag feiern.

Bedanken möchte ich mich auch besonders bei meinem Cousin Pater Rupert (Heini Schwarzl) für die Durchsicht des Manuskriptes.

Dornbirn, im September 2016
Der Autor

1. Kapitel

Wer ist Gott?

Gott ohne Anfang und Ende

Eine einfache und klare Antwort auf diese Fragen gibt das »Sanctuslied« in der Schubertmesse:

Heilig ist nur er!
Er, der nie begonnen,
er, der immer war,
ewig ist und waltet,
sein wird immer dar !

Mit diesem Aufsatz wird der Versuch unternommen, unter Einbeziehung von Aussagen im Neuen Testament auf die Fragen, wer Gott ist und welche Macht er hat, Antworten zu finden.

Genesis 1.1
Am Anfang schuf Gott Himmel und Erde.

Schlussfolgerung:

Gott gab es bereits, bevor es die Singularität und den Urknall gab; somit also vor dem Zeitpunkt des Entstehens unseres Universums. Gott ist daher unerschaffen und somit eigentliche Substanz, jedoch keinesfalls ein Teil der erschaffenen Substanz, aus welcher auch die Singularität bestand und aus der sich nach dem Urknall das Universum formte.

Gott ist daher auch nicht auf das durch den Urknall geschaffene Universum und die dort gültigen physikalischen Gesetze beschränkt. Die diesbezüglichen Regeln finden daher auf Gott keine Anwendung. Dies gilt insbesondere für Raum und Zeit und die von uns Menschen wahrnehmbaren Dimensionen.

Gott als Trinität

In der christlichen Theologie wird Gott überwiegend als Trinität gesehen. Darunter wird die Wesenseinheit Gottes in einer dreipersonalen Form bzw. Hypostasen, jedoch keinesfalls in der Form dreier Substanzen verstanden.

Diese Lehre wurde zwischen 325 (Erstes Konzil von Nicäa) und 675 (Synode von Toledo) entwickelt. Die Lehrmeinung der Trinität setzte sich dort gegenüber dem Arianismus durch.

Arius *(geb. um 260 und gestorben 336 in Konstantinopel, ein christlicher Presbyter aus Alexandria, lehrte, dass der Logos und der Vater nicht gleichen Wesens seien, dass der Sohn ein Geschöpf des Vaters sei, dass es eine Zeit gegeben habe, als der Sohn nicht existierte; er habe einen Anfang gehabt)* vertrat den Standpunkt der Wesensähnlichkeit von Vater und Sohn und somit der Unterordnung des Sohnes unter den Vater im Unterschied zur Wesensgleichheit zwischen Vater und Sohn, wie dies bei der Trinität zum Ausdruck kommt. Später ging es dann auch noch um die Stellung des Heiligen Geistes als 3. Hypostase der Wesenseinheit Gottes.

Während in der Frühzeit des Christentums eher der Arianismus vorherrschend war, setzte sich in der Folge die Lehre der Trinität durch. Heute befinden sich die Antitrinitarier in der Minderheit. Der Theologe David Clemens verglich die Trinität mit dem mathematischen Konzept von 1 x 1 x 1 = 1.

Die katholische Kirche erklärte die Trinitätslehre in der 11. Synode von Toledo 675 zum Dogma, bestätigte sie im 4. Laterankonzil 1215 und stellte sie auch danach nie mehr in Frage.

2. Kapitel

Die Erschaffung und der Tod des Menschen

Die Entstehung des Menschen

Genesis 1.27
Gott schuf also den Menschen als sein Abbild: als Abbild Gottes schuf er ihn. Als Mann und Frau schuf er sie.

Genesis 2.4b-7
Da formte Gott der Herr den Menschen aus Erde vom Ackerboden und blies in seine Nase den Lebensatem. So wurde der Mensch zu einem lebendigen Wesen.

Die Erschaffung des Menschen:

Der Mensch wurde von Gott durch zwei Akte erschaffen.

Da Gott den Menschen als sein Abbild und zwar als Mann und Frau erschuf, bedeutet dies, dass von Gott trotz der Verschiedenheit von Mann und Frau beide als gleichwertig und gleichberechtigt angesehen werden.

Als Ebenbilder Gottes sind die Menschen fähig, selbst schöpferisch tätig zu sein. Sie können etwas schaffen, herstellen und gestalten, ja sogar Nachkommen zeugen. Letzteres allerdings nur unter Mitwirkung Gottes, welcher bei der Zeugung jeweils eine eigene Seele für das gezeugte Kind erschafft und dem Kinde einverleibt.

Der Mensch entstand somit einerseits aus einer von Gott bereits zuvor erschaffenen Substanz, welche bereits Teil der Singularität und des durch den Urknall entstandenen Universums war (Akt eins), und aus dem Lebensatem Gottes, welcher direkt von Gott ausging und daher Teil der unerschaffenen Substanz, aus welcher Gott selbst besteht, war. (Akt zwei).

Ob der Körper des Menschen letztlich durch einen besonderen direkten Schöpfungsakt oder entsprechend dem Willen Gottes aus den von ihm zuvor erschaffenen Substanzen unter den von Gott diesbezüglich vorgegebenen Voraussetzungen via Evolution entstand, macht hierbei keinen Unterschied.

Zum Abbild Gottes und in Bezug auf Gott zu einem lebendigen Wesen wurde der Mensch erst durch Akt zwei Teil des Schöpfungsvorganges.

Daran ändert auch der Umstand nichts, dass der Körper des Menschen aus der zuvor von Gott geschaffenen Substanz, welche bereits Teil der Singularität war und durch den Urknall freigesetzt worden ist, gebildet worden ist.

Erst der Atem, der direkt von Gott ausging und daher Teil Gottes und der unerschaffenen Substanz war, welcher der aus der geschaffenen Substanz geformten Kreatur »eingeblasen« wurde, sowie die von Gott zudem eigens geschaffene Seele, die jedoch nicht aus der zuvor bereits von Gott erschaffenen Substanz stammt, machte diese Kreatur zu einem »lebendigen Wesen« und zum Abbild Gottes.

Der Atem Gottes bewirkte zugleich, dass nicht nur der erste Mensch zu einem »lebendigen Wesen« und zum Abbild Gottes wurde, sondern dass dieser zweite Teil des Schöpfungsaktes auch für alle später vom ersten Menschen gezeugten Nachkommen Wirksamkeit erlangte. Dies ungeachtet des Umstandes, dass jedes vom Menschen gezeugte Kind noch einer eigens von Gott zu erschaffende Seele bedarf.

Zum Unterschied von Gott, für den weder Raum noch Zeit Wirksamkeit entfalten und der somit zeitlich wie räumlich allgegenwärtig und unveränderlich ist, unterliegt der aus der geschaffenen Substanz geformte Körper des Menschen dem im

Schöpfungsplan Gottes vorgesehenen Evolutionsvorgang. Keinem Evolutionsvorgang unterliegt jedoch der Atem, der Gott dem Menschen eingeblasen hat, da dieser als Teil Gottes nicht aus der erschaffenen Substanz besteht sowie die für jeden Menschen von Gott eigens geschaffene Seele.

Da ohne den Atem Gottes, der Mensch kein lebendiges Wesen geworden wäre, ist das Vorhandensein des Atems Gottes auch bei allen Nachkommen des ersten Menschen eine unverzichtbare Voraussetzung.

Nachdem Gott den Menschen mit seinem Körper aus der von ihm geschaffenen Substanz, direkt oder indirekt erschaffen, diesem Körper seinen göttlichen Atem eingehaucht und eine eigens geschaffene Seele einverleibt hat, wobei er den Menschen als sein Abbild formte, hat dies zweifelsohne zur Folge, dass jeder einzelne Mensch unabhängig von seiner Rasse und seines individuellen Aussehens ein Abbild Gottes darstellt.

Rechte und Pflichten eines jeden Menschen

Jedem Menschen kommt daher ein uneingeschränkter Rechtsanspruch auf ungeteilte und individuelle Wahrnehmung seiner Rechte in dieser Welt zu. Diese im Schöpfungsakt Gottes inkludierte Gleichberechtigung eines jeden Menschen ist weder örtlich noch zeitlich beschränkbar. Alle Ressourcen dieser Welt stehen daher jedem Menschen absolut und in gleichem Ausmaß zur Verfügung. Jede Einschränkung dieses Verfügungsrechtes verstößt gegen die im Schöpfungsplan von Gott vorgegebene Ordnung. Allerdings hat dieses Recht auf Gleichberechtigung auch einen Zwillingsbruder bzw. eine Zwillingsschwester, nämlich die Pflicht eines jeden Einzelnen, selbst alles in seiner Macht stehende zu tun, damit das Gesamtsubstrat der Ressourcen nicht über den dem einzelnen Menschen zustehenden Anteil hinaus geschmälert wird und auch für künftige Generationen noch ausreichend vorhanden bleibt.

Durch den Sündenfall des Menschen – hierzu wird noch später genauer Stellung genommen – wurde allerdings die Erkenntnis des Menschen, was das Ausmaß seines Anteils wie das Ausmaß seiner Pflicht zur Mitwirkung des Erhaltens der Ressourcen betrifft, getrübt. Das hieraus resultierende Fehlverhalten des Menschen verursacht neben Krankheit und Tod alles Leid, welches von der Menschheit bis heute ertragen werden muss. Ohne das Fehlverhalten des Menschen gäbe es heute weder Diktatur, Herrschsucht, Terror, Faulheit, Armut, Sklaverei noch jedwede Art von Ausbeutung von Mensch und Natur.

Alle von Gott erlassenen Gebote zielen nur darauf ab, dem Menschen Richtschnur zu sein, wie er sein Verhalten ausrichten sollte, damit der ursprüngliche Schöpfungsplan Gottes möglichst weitgehend erfüllt wird. Letztlich wird jeder Mensch vor Gott Rechenschaft ablegen müssen, welches Verhalten er gesetzt hat, um dem ursprünglichen Schöpfungsplan Gottes möglichst weitgehend gerecht zu werden. Nur wer diesbezüglich zumindest ernsthafte Bemühungen vorweisen kann, wird auf Grund der göttlichen Barmherzigkeit auf Nachsicht hoffen dürfen.

Im ersten Johannesbrief 1.9 wird diesbezüglich ausgeführt, dass dann, wenn wir unsere Sünden bekennen, uns diese vergeben und wir von allem Unrecht gereinigt werden. Weiters wird dort in Punkt 2. 1. und 2. ausgesagt, dass ein Sünder Jesus Christus als Beistand beim Vater haben wird und Jesus Christus die Sühne für unsere Sünden ist, aber nicht nur für unsere Sünden, sondern auch für die der ganzen Welt.

Hieraus folgt wiederum, dass durch den Kreuzestod von Jesus Christus sämtliches Fehlverhalten der Menschheit als Ganzes vor Gott gesühnt wurde. Dieses Sühneopfer bewirkt für alle Zeiten, dass der Mensch nur singular für sein Tun und Unterlassen Rechenschaft vor Gott abzulegen haben wird. Hieraus ergibt sich wiederum zwingend, dass weder ein Volk noch eine Religionsgemeinschaft und schon gar nicht ein Staat im Falle von erfolgtem Fehlverhalten seiner Mitglieder für das geschehene Unrecht und mag dies noch so schrecklich sein in Form einer Kollektivschuld zur Haftung herangezogen werden wird. Allerdings wird sehr wohl jeder Einzelne der entsprechenden Gemeinschaft sich für sein von ihm gesetztes Verhalten einzustehen haben. Hierbei wird ihm auch anzurechnen sein, ob es allenfalls für ihn möglich und zumutbar gewesen wäre, durch entsprechendes Einschreiten ein allfälliges Unrechtsgeschehen zu verhindern.

Der Atem Gottes

Der Mensch wurde erst durch den Atem Gottes zu einem lebendigen Wesen. (Der Organismus war da, fertig ausgebildet und funktionsfähig, aber erst als Gott dem Adam seinen Atem einhauchte, war der Mensch geschaffen. Ein perfekter Organismus allein macht noch nicht das Leben aus. (Matthäus Fellinger, Kirchen Zeitung, Diözese Linz, 25.6.2013)).

Die Seele des Menschen kann der Atem Gottes jedoch nicht sein. Wäre dies der Fall, so könnte die Seele niemals sündhafte Handlungen durch den von ihr beseelten Körper ausführen lassen, da Gott das personifizierte Gute ist und dies auch für jeden »Teil« von ihm gilt.

Der Atem Gottes kann jedoch sehr wohl als das Fundament des Gewissens eines jeden Menschen gesehen werden. Dadurch hat Gott bewirkt, dass jeder Mensch unabhängig von seiner Religion und seinem Stande im Grunde fähig ist zu erkennen, welche seiner Handlungen und Unterlassungen als gut und gottgewollt angesehen werden können und welche das Böse und somit das Gegenteil hiervon bewirken. (*Siehe Paulus, Der Brief an die Römer 2.12-16 und 1.20, 2.9f – Allen Menschen, auch den Heiden, sagt ihr Gewissen, was Gottes Wille ist.)*

Der Atem Gottes wirkt auch für die Kinder, die vor der Geburt sterben. Auch diese Kinder haben spätestens zum Zeitpunkt der Einnistung der befruchteten Zelle in der Gebärmutter die von Gott für sie geschaffene Seele erhalten. Da Jesus durch seinen Tod am Kreuz die Urschuld der Menschheit (Erbsünde) für alle Menschen getilgt hat, muss dies auch bezüglich aller vor ihrer Geburt verstorbenen Menschen Gültigkeit haben. Nachdem der Seele dieser Menschen auch zum Zeitpunkt vor der Geburt des irdischen Körpers, mit dem sie bereits bis zu dessen Tode untrennbar verbunden ist, die Möglichkeit der freien Entscheidung für oder gegen Gott offen steht, vermag sie auch in diesem Stadium diese Entscheidung zu treffen. Dass dem so ist, lässt sich auch aus dem Neunten und Zehnten Gebot (Du sollst nicht begehren ...) ableiten. Die Entscheidung für oder gegen Gott fällt ja nicht nur durch ein nach außen sichtbar werdendes Handeln und/oder Unterlassen sondern auch via innere Einstellungen und Begehrlichkeiten des Menschen.

Die menschliche Seele

Das 5. Laterankonzil erklärte in der 8. Sitzung am 19. Dezember 1513, dass der Mensch eine individuelle und unsterbliche Seele besitzt, was Voraussetzung für eine persönliche Unsterblichkeit sei. In der Enzyklika Humani generis (1950) hält Papst Pius XII. fest, dass die Seelen unmittelbar von Gott geschaffen werden.

(Kreatinismus – Nach dieser Theorie werden Seele und Geist zu irgendeinem Zeitpunkt (meist gilt diesbezüglich der Zeitpunkt der Empfängnis) durch einen direkten Akt von Gott geschaffen. – So Ambrosius, Hieronymus, Pelagius, Anselm, Thomas von Aquin und die meisten katholischen und reformierten Theologen. Unterstützt wird diese Theorie *durch Aussagen in der Bibel Num. 16.22; Pred. 12,7; Sach. 12,1; Heb 12,9)*

Damit wandte sich die Kirche gegen den Traduzianismus, der annimmt, die Seele des Kindes werde diesem bei der Zeugung aus den Seelen der Eltern mitgeteilt, indem ein Teil der elterlichen Seelensubstanz durch den körperlichen Samen auf das Kind übergehe.

Die traditionelle Lehre der Kirche wurde 2005 im Katechismus der Katholischen Kirche bekräftigt. Dort wird festgehalten, dass die Geistseele nicht von den Eltern kommt, sondern unmittelbar von Gott geschaffen wird und unsterblich ist. Die Seele gehe daher auch nicht zugrunde, wenn sie sich im Tod vom Leibe trenne.

Martin Luther wandte sich gegen die aristotelische Leugnung der Unsterblichkeit der Seele. Er lehnte aber auch das Dogma des V. Laterankonzils ausdrücklich ab. Ihm missfiel die Vorstellung des Thomismus und der Konzilsväter, dass die Seele unabhängig vom Leib erschaffen und erst in der Folge in diesen eingegossen werde. Eine solche Anthropologie könne die erbsündliche Verdorbenheit des ganzen Menschen nicht erklären. Luther nahm daher an, die Seele werde nicht von außen in den Leib hineingestoßen, sondern Gott wirke sie von innen heraus durch seinen belebenden Atemhauch und sein allmächtiges Wort.

Der Reformer Johannes Calvin vertrat wiederum eine stark platonisch geprägte Seelenlehre. Er sah den Körper als Gefängnis der Seele und betrachtete die Seele als immaterielle unsterbliche Substanz (**gemeint ist hierbei, dass die Seele unkörperlich ist und somit nicht aus Materie besteht).** Den Tod des Körpers deutete er als Befreiung der Seele vom Körper und damit auch als Erlösung von den Sünden.

In der Moderne wird von manchen evangelischen Theologen die Existenz der Seele als eigenständige Substanz und damit auch ihre Trennbarkeit vom Leib und auch ihre Unsterblichkeit bestritten. *(Diesbezüglich wird die Seele offensichtlich nach der aristotelisch-symbolischen Seelenlehre insgesamt als Sinnenseele (anima sensitiva) und nicht als Geistseele (anima intellectiva) angesehen.)* Nach dieser Ansicht stirbt die Seele zusammen mit dem Körper, da sie mit ihm eine unauflösliche Einheit bilde.

Die Auferstehung sei somit nicht eine Wiederverbindung der ununterbrochenen fortexistierenden Seele mit dem auferstandenen Körper, sondern Auferstehung des ganzen Menschen. Diese Lehre ist als Ganztodtheorie bekannt.

Diese Denkschule findet auch Anhänger auf katholischer Seite (Johann Baptist Metz 1964 im Katholischen Lexikon für Theologie und Kirche). Dort wird die Ansicht vertreten, der Mensch als Leib-Seele-Einheit sterbe als ganzer. Allerdings sei der Tod nicht als gänzliche Auslöschung zu verstehen.

Kritiker der Ganztodtheorie wenden dagegen ein, dass der Ganztod keine Kontinuität zwischen dem geschichtlichen und auferstandenen Menschen zulasse und bei der Auferstehung aus dem Nichts der Auferstandene ein neues Subjekt wäre.

Die unsterbliche Seele sei daher als Träger der Kontinuität des menschlichen Ichs erforderlich.

Der Ausdruck »Seele« hat vielfältige Bedeutungen, je nach den unterschiedlichen mystischen, religiösen, philosophischen oder psychologischen Traditionen und Lehren, aus denen er kommt.

Im heutigen Sprachgebrauch ist mit »Seele« oft die Gesamtheit aller Gefühlsregungen und geistigen Vorgänge des Menschen gemeint. In diesem Sinne ist Seele weitgehend mit dem Begriff »Psyche« synonym.

»Seele« kann aber auch ein Wesen bezeichnen, von dem angenommen wird, dass es Regungen und Vorgängen zugrunde liegt, diese ordnet und auch körperliche Vorgänge herbeiführt oder ordnet.

Oft ist damit die Annahme verbunden, die Seele sei hinsichtlich ihrer Existenz vom Körper und damit auch vom physischen Tod unabhängig und mithin unsterblich.
Mit diesem Artikel will sich der Autor nicht mit der Vielzahl der einzelnen Thesen hinsichtlich der menschlichen Seele im Detail auseinandersetzen, um deren Richtigkeit zu untermauern oder zu falsifizieren. Er beschränkt sich darauf, seine persönliche Auffassung zu dieser Frage wiederzugeben und seine Auffassung mit bereits vorher vertretenen Auffassungen zu belegen.
Der Autor schließt sich diesbezüglich dem vom französischen Philosoph René Descartes *(geb. 31. März 1596 in La Haye en Touraine),* vertretenen Standpunkt – von ihm stammt auch das berühmte Dictum *»cogito ergo sum«* –, an, der nur dem Menschen eine Seele

zuschreibt und deren Funktion auf das Denken beschränkt. Er wendet sich gegen den von Materialisten vertretenen Standpunkt, dass auch alle mentalen Zustände und Vorgänge restlos auf Biologisches reduzierbar seien.

René Descartes hält alle diesbezüglichen Vorgänge, die nicht nur beim Menschen sondern auch bei Tieren stattfinden, für seelenlos und rein mechanisch. Die Seele identifiziert er ausschließlich mit dem Geist, dessen Funktion nur das Denken sei. Daher hätten Tiere keine Seele, sondern sie funktionierten maschinenartig.
Schon Platon vertritt die Auffassung, dass die Seele in der Lage ist, sinnlich nicht wahrnehmbare Erkenntnisgegenstände (Ideen) wie das Gerechte, das Schöne oder das Gute zu erfassen. Augustinus wandte sich gegen die von Platon vertretene Auffassung der verschiedenen Seelenteile, nahm aber in Anlehnung an die aristotelische Tradition eine innerhalb der Seele gegebene Abstufung in rationale Seele (Seelenfunktion mit Geist (mens) und Willen), irrationale Seelenfunktion (mit Trieb, Sinneswahrnehmung und Gedächtnis) und »nur lebende« (vegetative) Seelenfunktion vor. Augustinus bemühte sich eingehend um den Nachweis der Unkörperlichkeit und Immaterialität der Seele.

Unter Einbeziehung neuester naturwissenschaftlichen Erkenntnisse ist davon auszugehen, dass die Seele insoweit ihre Unkörperlichkeit angesprochen wird, diese jedenfalls darin zu sehen ist, dass die Seele ebenso wie Gott nicht aus Materie (Substanz) – auch nicht aus einer feinstofflichen Materie (Substanz) –, deren Herkunft auf den Urknall zurückzuführen ist, besteht. Allerdings ist die Seele anders als Gott, obwohl unkörperlich, ein Teil der erschaffenen Substanz, da sie von Gott jeweils erschaffen und in den Körper des Menschen eingefügt wird. Sie ist dennoch unsterblich, weil sie im Gegensatz zum menschlichen Körper nicht aus einer Materie (Substanz) besteht, aus welcher durch den Urknall das Universum geformt wurde. Dadurch wird sie

auch weder durch den Tod des menschlichen Körpers noch durch den allenfalls eintretenden Tod des Universums vernichtet.
Inhaltlich kommt hinsichtlich des menschlichen Tuns und Unterlassens ausschließlich der Seele die freie Willensentscheidung zu.

Ob die Seele bei Ausübung der freien Willensentscheidung lediglich einen Zugriff auf die im Hirn des Menschen gespeicherten Gedächtnisinhalte und dort lokalisierten Triebe ähnlich einer für die Seele eingerichteten externen Festplatte hat und auf diese Weise Zugang auf das diesbezügliche Wissen und die vom Menschen bereits erworbenen Erfahrungen, Kenntnisse und Fähigkeiten und Regungen erhält, oder ob all diese Gegebenheiten bereits in der Seele direkt verankert sind, soll in diesem Zusammenhang dahingestellt bleiben.

Zur freien Willensentscheidung gehört allerdings auch die Steuerung der notwendigen Vorgänge des Körpers zur Verwirklichung getroffener Entscheidungen. Dies bedeutet nichts Geringeres, als dass die Seele Vollzugsgewalt hinsichtlich der von ihr getroffenen Entscheidung besitzt und damit die diesbezüglich zur Verwirklichung der getroffenen Entscheidung erforderlichen biologischen Notwendigkeiten steuert.

Im Judentum wurden in den Schriften aus der Zeit des zweiten Tempels und in der Diaspora widersprüchliche Vorstellungen zur Seele vertreten. Einerseits wurde die Seele mit dem Leben der Person gleichgesetzt, andererseits übernahmen griechisch beeinflusste gebildete Juden aus dem Platonismus und den philosophischen Strömungen des Hellenismus die Auffassung, dass die Seele ein eigenständiges, vom Körper unabhängig existierendes Wesen sei. Unter ihnen war die Ansicht verbreitet, die Seele sei himmlischen und der Leib irdischen Ursprungs.

Die Essener glaubten an eine unsterbliche, feinstoffliche Seele, die im Körper wie in einem Gefängnis lebt und beim Tode befreit wird.

Die Pharisäer glaubten an eine Auferstehung, während die Sadduzäer die Unsterblichkeit der Seele und damit die Auferstehung bestritten.

In der Epoche der Kirchenväter lehrte Bischof Irenäus von Lyon in der zweiten Hälfte des 2. Jahrhundert, dass nach dem Tode des Körpers die Seele dessen Merkmale und Form behalte, sich in den Hades begebe und diesen erst zur Zeit der künftigen Auferstehung verlasse, wobei sie wiederum ihren Leib erhalte. Er vertrat auch die Auffassung, dass der natürliche Mensch aus Leib und Seele zusammengesetzt sei und der »vollkommene Mensch« hingegen dreiteilig wäre, da der Geist Gottes in seine Seele eintrete und sich mit ihr verbinde.

Laktanz (gest. 325) vertrat als erster klar und nachdrücklich den Kreatianismus, eine dem Traduzianismus entgegengesetzte Lehre, welcher sich später in der katholischen Kirche gänzlich durchgesetzt hat. Der Kreatianismus besagt, dass die Seele weder vor der Zeugung bereits in einer geistigen Welt existiert noch durch die Fortpflanzung von den Eltern empfangen wird, sondern zum Zeitpunkt der Empfängnis unmittelbar von Gott geschaffen und in den sich bildenden menschlichen Körper eingefügt wird.

Auch Hieronymus und Augustinus vertraten die Auffassung des Kreatianismus, wobei allerdings Augustinus sich nicht in der Lage sah, eine solche Schaffung der Seele mit der Erbsünde zu vereinbaren. Allerdings bemühte sich Augustinus sehr um den Nachweis der Unkörperlichkeit und Immaterialität der Seele.

Die katholische Kirche verfestigte das Prinzip der Unsterblichkeit der Seele durch Erklärung eines diesbezüglichen Dogmas auf dem V. Laterankonzil am 19. Dez. 1513 und bekräftigte diese Auffassung auch im Katechismus des Jahres 2005, wo ebenfalls festgelegt wurde, dass die Geistseele nicht von den Eltern komme, sondern unmittelbar von Gott geschaffen werde, unsterblich sei und auch bei der Trennung vom Leib durch den Tod nicht zugrunde gehe.

Im Islam ist die Auffassung bezüglich der Seele kontrovers. Die dominierende Ansicht wird vom prominenten Theologen Ibn al-Qayyim (1350 gestorben) am ausführlichsten in seinem Buch über die Seele (kitab ar- ruh) dargelegt. Dort argumentiert er, dass die Seele, wenn sie unkörperlich wäre, keine Beziehung zum Räumlichen und Körperlichen haben könne. Sie sei materiell, wenn auch von anderer Beschaffenheit als der physische Körper, und stelle einen eigenständigen Köper dar.

Schlussfolgerung:

Die menschliche Seele wird zum Zeitpunkt der Empfängnis unmittelbar von Gott geschaffen und in den sich bildenden Körper eingefügt. Die Seele besteht, obwohl von Gott geschaffen, nicht aus einer Materie (Substanz), welche aus der Singularität und damit aus dem Urknall hervorgeht. Sie ist daher als unkörperlich anzusehen.

Als körperlich könnte sie nur dann gesehen werden, wenn man Wesen, die außerhalb der Singularität oder vor derselben und aus einer dort allenfalls gegebenen Materie (Substanz) geformt sind, als mit einem Körper ausgestattete Wesen ansieht. Da wir keinerlei Kenntnisse über Vorgänge haben, die vor der Singularität und dem hierauf folgenden Urknall stattfanden und allenfalls noch stattfinden, macht es keinen Sinn, darüber zu spekulieren, ob in diesbezüglichen Vorgängen überhaupt eine Materie involviert ist.

Die Seele ist im Gegensatz zum menschlichen Körper unsterblich. Sie besteht zum Unterschied des menschlichen Körpers nicht aus einer Materie, die das durch den Urknall aus der Singularität geschaffene Universum bewirkte. Sie ist daher von der Aussage, die Jesus im Evangelium nach Maria Magdalena gemacht hat, dass die Auflösung des Körpers sämtlicher Kreaturen in ihre eigenen Wurzeln erfolge, nicht betroffen. Diese Aussage hat daher für die Seele keine Gültigkeit.

Interaktion zwischen Körper und Seele

Nach Descartes' dualistischem Konzept kann man die ausdehnungslose Seele nicht im Körper oder irgendeinem Ort der materiellen Welt lokalisieren. Da es jedoch eine Kommunikation zwischen Seele und Körper gebe, müsse diese an einem auffindbaren Ort stattfinden. Als solcher wurde von Descartes die Zirbeldrüse vermutet. Da seine Vermutung jedoch von der Hirnforschung widerlegt wurde, führte die Auseinandersetzung mit Descartes' Theorie zu zahlreichen neuen Theorien. Albrecht von Haller nahm an, dass das Seelenorgan über die gesamte weiße Hirnsubstanz verteilt sei. Der Anatom Samuel Thomas von Soemmering vertrat in einer seiner 1796 über das Organ der Seele veröffentlichten Schrift die Auffassung, dass diesbezüglich den Hirnventrikeln eine zentrale Rolle zukomme. Immanuel Kant, der das Nachwort zu dieser Schrift verfasste, äußerte sich jedoch kritisch zu dem dort vertretenen Standpunkt und erklärte aus grundsätzlichen Erwägungen das Vorhaben, einen Seelensitz zu finden oder angeben zu können, für verfehlt.

Im 19. Jahrhundert kam die Suche nach dem Sitz, einem Organ der Seele, zum Erliegen. Unter dem Einfluss neuer biowissenschaftlicher Entdeckungen entstanden materialistische und monistische Modelle, die ohne den Begriff Seele auskommen. Auch neueste Erkenntnisse der Forschung, dass die menschliche Willensbildung durch künstliche Erregung spezieller Areale des menschlichen Gehirns ausgelöst werden könnten, ist keinerlei Beweis für die Nichtexistenz der menschlichen Seele und ihrer daher fehlenden Entscheidungsgewalt hinsichtlich des menschlichen Willens. Diesbezüglichen Auffassungen ist entgegenzuhalten, dass sie keine Erklärung dafür haben, wie der menschliche Wille gebildet wird, wenn eben keine künstliche Einflussnahme auf die Hirnregionen ausgeübt wird, was wohl der Normalfall ist. Diese Erkenntnis der Wissenschaft bestätigt meines Erachtens viel mehr, dass zur Willensbildung des Menschen eine Einflussnahme von außen erfolgt. Genau diese Einflussnahme von außen (gemeint von außerhalb der physischen Gegebenheiten des jeweiligen menschlichen Körpers) findet via menschliche Seele statt, auch wenn wir derzeit aus den zuvor dargelegten Gründen noch nicht erkennen können, durch welchen konkreten Vorgang dies tatsächlich geschieht. Für Befürworter nichtmaterialistischer Modelle bleibt daher die Frage nach dem Ort der Interaktion von Geist und Körper weiterhin aktuell.

Spiegel: Nr. 15 -2016 S. 96

Mag ja sein, so Benjamin Libet, dass uns das Gehirn vorauseilend vielerlei »Bereitschaftspotenziale« unterbreitet. Doch dem Menschen bleibe dabei immer noch eine Art Vetorecht – der freie Un-Wille.

»Eine solche Form des freien Willens steht im Einklang mit religiösen und ethischen Vorschriften«, philosophiert B. Libet. »Die meisten der 10 Gebote lauten schließlich: Du sollst nicht.«

Der Tod des Menschen

Der Körper des Menschen ist wie jedes andere Geschöpf der Erde dem Tode geweiht.

Evangelium nach Maria Magdalena: Teil der Apokryphen des Neuen Testamentes. (Es handelt sich um eine gnostische Schrift, die auf etwa 160 n. Chr. datiert wird.) – Das Maria Evangelium (Version 1.3 ins Deutsche übersetzt von Jonathan Dilas, www.matrixseite.de, 2005)

Wird Materie nun zerstört oder nicht:

Der Retter sprach: »Alles Natürliche, jede Form, sämtliche Kreaturen existieren in- und miteinander und sie lösen sich wieder in das auf, aus dem sie entstanden sind. Denn die Natur der Materie kann sich nur wieder in ihre eigenen Wurzeln auflösen.«

Die Seele des Menschen ist jedoch unsterblich, obwohl sie ebenfalls wie der Körper von Gott geschaffen wurde. Allerdings ist die Seele unkörperlich. Sie besteht nicht aus Materie und somit auch nicht aus einer Substanz, welche in der Singularität gebunden und durch den Urknall freigesetzt worden ist.

Schlussfolgerung:

Jede menschliche Seele wird individuell bei der Zeugung von Gott neu erschaffen und in den werdenden Körper eingebaut. Die Seele wird zum Unterschied des Atems Gottes, der von Gott selbst stammt und der dem Körper des ersten Menschen nach dessen Erschaffung aus Materie, deren Entstehung sich auf die Singularität und den Urknall zurückführen lässt, von Gott eingeblasen wurde und hierdurch eo ipso auch für alle Nachkommen weiterwirkt, für jeden einzelnen Menschen bei dessen Zeugung eigens neu geschaffen.

Hierbei macht es keinen Unterschied, ob die Zeugung des Menschen auf natürlichem Wege durch direktes Zusammenwirken von Mann und Frau im Geschlechtsakt erfolgt oder auf sonstige Art und Weise, sei es durch Zuführung von Samenzellen oder gar auf künstliche Art im Reagenzglas. Festzuhalten ist allerdings, dass für ein neues menschliches Wesen es einerseits erforderlich ist, dass sich ein vollständiger, somit diploider Zwei-Chromatid-Chromosomensatz gebildet hat, welcher das Erbgut beider Elternteile in sich trägt und andererseits diesem neuem Gebilde die von Gott geschaffene Seele zugefügt bzw. einverleibt wird. Ob dies bereits bei Abschluss dieses Vorganges erfolgt oder erst bei der Einnistung dieses neuen Gebildes in der Gebärmutterschleimhaut, womit nach vorherrschender Meinung die Schwangerschaft beginnt, vermag ich derzeit nicht abschließend zu beurteilen. Ein menschliches Wesen liegt jedoch erst dann vor, wenn der befruchteten Zelle (Zygote) auch die von Gott eigens geschaffene Seele eingefügt wird.

Die menschliche Seele besteht allerdings nicht aus der geschaffenen Substanz, welche dem menschlichen Körper zu Grunde liegt.

Seele und Körper des Menschen sind daher zwei unterschiedliche Teile des Menschen. Bestünden Seele und Körper aus der selben Substanz, wäre es unnötig und auch unlogisch, dass jede Seele bei der Zeugung eines Menschen von Gott eigens neu geschaffen wird.

Nachdem die menschliche Seele nicht aus der aus dem Urknall hervorgehenden Substanz besteht, folgt zwangsläufig, dass Körper und Seele als zwei verschiedene Teile des einen Menschen zu betrachten sind. Nur unter dieser Prämisse ist erklärbar, dass die Seele beim Tod des Körpers von der dort erfolgenden Auflösung der Materie in ihre eigenen Wurzeln nicht betroffen ist.

Das wiederum hat zur Folge, dass für die Seele wie auch für Gott physikalische Bedingungen, denen die auf den Urknall zurückführende Materie unterliegt, keine Gültigkeit haben, und mit dem Tode des Körpers auch die Gebundenheit der Seele an diesen Körper solange wegfällt, bis ihr gemäß dem Schöpfungsplan Gottes von Gott ein neuer Körper zuteil wird. Durch die Vereinigung des neuen Körpers mit der Seele wird die Kontinuität der ursprünglichen Person fortgesetzt.

Die Seele ist daher als Trägerin der Kontinuität des menschlichen Ichs zu sehen. Hierfür ist jedoch nicht erforderlich, dass in der Seele sozusagen die Einzelheiten des irdischen Körpers aufgezeichnet werden. Diese Gegebenheiten sind dem allwissenden Gott, der den neuen Körper erstehen lässt, bekannt. Andererseits ist der auferweckte Körper kein identes Abbild des dem Tode anheimgefallenen Körpers. Er beinhaltet auch keine Materie, deren Ursprung auf die Singularität und den Urknall zurückgeführt werden kann, denn eine solche Materie wäre vergänglich. Jesus sagt aber, dass jene, die an der Auferstehung der Toten teilhaben, nicht mehr sterben können (Lukas 20.34-38). Somit müssen diese Körper aus etwas bestehen, das nicht wie unser Universum vergänglich ist.

Der neue Körper beinhaltet auch keine Mängel des alten Körpers. Es wird auch keine Unterscheidung geben, ob der alte Körper im Greisen- oder Kindesalter dem Tode anheimfiel.

Dass dem so ist, geht wohl eindeutig aus der Aussage Jesu, wiedergegeben in Matthäus 22.30 und Lukas 20.34-38, hervor, wo Jesus ausdrücklich erklärt, dass die Menschen nach der Auferstehung gleich den Engeln sein werden.

(Siehe hierzu auch Paulus – erster Brief an die Korinther 15,42-50 –

dort wird ausgeführt: »Gesät wird ein irdischer Leib, auferweckt ein überirdischer Leib. Wenn es einen irdischen Leib gibt, gibt es auch einen überirdischen. So steht es auch in der Schrift: Adam, der Erste Mensch, wurde ein irdisches Lebewesen. Der Letzte Adam wurde lebendig machender Geist. Aber zuerst kommt nicht das Überirdische; zuerst kommt das Irdische und dann das Überirdische. Der Erste Mensch stammt von der Erde und ist Staub; der Zweite Mensch stammt vom Himmel. Wie der Erste Mensch irdisch war, so sind es auch seine Nachfahren. Und wie der Zweite Mensch himmlisch ist, so sind es auch seine Nachfahren. Wie wir das Bild des Irdischen getragen haben, so werden wir auch das Bild des Himmlischen tragen. Das möchte ich sagen, Brüder: Fleisch und Blut können das Reich Gottes nicht erben; das Vergängliche erbt nicht das Unvergängliche.)

Auch der Körper des auferstandenen Jesus war trotz der Wundmale, die er den Aposteln und besonders Thomas zeigte, nicht mit seinem geschundenen und getöteten Körper ident. Einerseits wird nirgends berichtet, dass beim Auferstandenen auch Spuren der Geißelung und der Dornenkrönung gesehen wurden, andererseits erkannten seine Jünger den auferstandenen Jesu nicht sofort wieder (Siehe Lukas 24.31).

Eine Interaktion zwischen Körper und Seele benötigt daher ebenso wenig ein bestimmtes Organ oder Verfahren, jedenfalls keines nach den uns bislang bekannten physischen Gegebenheiten, wie auch die Seele für eine Interaktion mit Gott kein bestimmtes Organ benötigt.

Solange es uns an jedweden physikalischen Kenntnissen hinsichtlich der Substanz sowie des Verhaltens von Gegebenheiten und Ereignissen, die außerhalb des mit dem Urknall begrenzen Ereignisses stattfanden und stattfinden, mangelt, ist es ganz einfach nicht möglich, nach in unserem Universum gültigen physikalischen Gesetzen nachvollziehbar irgendwelche auch nur ansatzweise nutzbringenden Theorien zu entwickeln, auf welche

Art und Weise eine Interaktion zwischen Gegebenheiten diesseits und jenseits des »Urknalls« stattfinden.

Da andererseits Seele und Körper eine Einheit bilden, ist es verständlich und zulässig, dass körperliches Verhalten des Menschen, das durch willentliches Verhalten der Seele gesteuert wird, auch für die Seele Folgen zeitigt, wobei ein bloß reflexmäßiges Verhalten des Körpers im Regelfall ohne diesbezügliche Folgen bleibt.

In Bezug auf die Erfüllung des erhaltenen göttlichen Auftrages bleibt von vornherein nur die Seele als hierfür verantwortliches Subjekt, während für diesseitige Strafmaßnahmen, und zwar unabhängig davon, ob sie sich gegen ein wirkliches oder vermeintliches Fehlverhalten des einzelnen Menschen richten, stets nur der menschliche Körper als Subjekt gegeben ist.

3. Kapitel

Die Erbsünde und ihre Folgen

Die Erbsünde

Gott schuf den Menschen als sein Abbild. Nach der materiellen Erschaffung des Menschen blies Gott dem Menschen den Lebensatem ein. Plan Gottes war es, dass der Mensch als sein Abbild sein Dasein dergestalt ausübt, dass dies mit dem Verhalten Gottes, dem das Gute immanent und das Böse fern ist, übereinstimmt. Da der Mensch als Abbild Gottes auch mit einem vollkommenen freien Willen ausgestattet worden ist, musste die Annahme dieses Planes Gottes durch den Menschen auch durch seine eigene freie Willensentscheidung erfolgen, denn Gott wollte keinen »Roboter« erschaffen, der den von Gott vorgegebenen Plan einfach abarbeitet und dadurch vollzieht. Von Gott wurde dem Menschen sozusagen lediglich eine Richtschnur (Leitfaden) mitgegeben, wie sein Verhalten gottgefällig sei und zugleich dem Menschen größtmöglichen Nutzen bringen sollte. Die Richtschnur beinhaltete, dass der Mensch nicht vom »Baum der Erkenntnis« essen soll.

Schlussfolgerung:

Dieser von Gott vorgegebene Leitfaden wurde in der Folge vom Menschen in dessen freier Willensentscheidung grob missachtet. Der Mensch wollte gottgleich sein, und die Gestaltung seines Lebensweges nach eigenem Gutdünken vornehmen. ***(Siehe Johannes 1.9-11*** *– Das wahre Licht, das jeden Menschen erleuchtet, kam in die Welt. Er war in der Welt, und die Welt ist durch ihn geworden, aber die Welt erkannte ihn nicht. Er kam in sein Eigentum, aber die Seinen nahmen ihn nicht auf.* *–* ***Joh. 8.44*** *– Ihr stammt vom Teufel, er ist euer Vater, und ihr wollt das tun, was euer Vater will. Er war ein Mörder von Anfang an und steht nicht in der Wahrheit, weil keine Wahrheit in ihm ist. Wenn er lügt, sagt er das, was ihm eigen ist; denn er ist ein Lügner und der Vater der Lüge.)* – ***(Evangelium***

nach Maria Magdalena – *Petrus sprach zum Retter: »Was ist die Weltsünde?« Der Retter sprach: »Es gibt keine Sünde. Ihr erschafft die Sünde mit Dingen, die ihr tut, dies ist z.B. die Natur des Ehebruchs, die Sünde genannt werden kann. Das ist der Grund, wieso das Gute in eure Mitte trat, als Essenz einer jeden Natur, um sie wieder zu seinen Wurzeln zurückzuführen.« Dann fuhr er fort und sprach: »Dies ist der Grund, warum ihr krank werdet und sterbt. Die Materie gebar eine Leidenschaft (Leid), das keiner ebenbürtig ist und aus etwas der Natur Gegensätzlichem entstand. Denn darauf folgt eine Störung des ganzen Körpers.«*

Die Folgen der Erbsünde für die Menschheit

Gott ist allwissend. Ihm war daher das Verhalten des Menschen bereits bewusst, als er den Menschen schuf.

Da Gott den Menschen als sein Abbild schuf, war die Ausstattung des Menschen mit einem freien Willen unumgänglich. Aufgrund der in Gott immanenten Barmherzigkeit wollte Gott dem Menschen trotz dessen Fehlverhaltens, dessen Eintritt für Gott gewiss war, eine zweite Chance geben.

Daher sah Gott bereits vor Erschaffung des Menschen einen »Plan B« vor. Dieser Plan B beinhaltete einerseits, welche direkten Folgen das vom Menschen gewählte Verhalten für den Menschen in seiner Gesamtheit haben wird (Verlust der heiligmachenden Gnade, Tod, Krankheit, Leid etc.) und andererseits die Wiederversöhnung des Menschen mit Gott, durch das von Gott durch seine 2. Hypostase durch dessen Tod am Kreuz selbst zu erbringende Opfer.

Paulus, Brief an die Römer 5.12-17: *Es ergibt sich nun: wie durch einen einzigen Menschen die Sünde in die Welt kam und durch die Sünde der Tod und auf diese Weise der Tod zu allen Menschen gelangte, weil alle sündigten – Sünde war schon vor dem Gesetz in der Welt, aber die Sünde wird nicht angerechnet, wo es kein Gesetz gibt; und doch herrschte der Tod von Adam bis Mose auch über die, welche nicht wie Adam durch Übertreten eines Gebotes gesündigt hatten. Adam aber ist Hinweis auf den Kommenden – Anders als mit der Übertretung verhält es sich mit der Gnade; sind durch die Übertretung des einen die vielen dem Tode anheimgefallen, so ist erst recht, die Gnade Gottes und die Gabe, die durch die Gnadentat des einen Menschen Jesus Christus bewirkt ist, den vielen reichlich zuteil geworden. Anders als mit dem, was durch einen Sünder verursacht wurde, verhält es sich mit dieser Gabe: Das Gericht führt wegen der Übertretung des einen zur Verurteilung, die Gnade* *führt aus vielen Übertretungen zur Gerechtsprechung. Ist durch die Übertretung des einen der Tod zur Herrschaft gekommen durch diesen einen, so werden erst recht alle, denen die Gnade und die Gabe der Gerechtigkeit reichlich zuteil wurde, leben und herrschen durch den einen, Jesus Christus.)*

Paulus 1. Brief an die Korinther 15.22: *Denn wie in Adam alle sterben, so werden in Christus einst alle lebendig gemacht.*

Matthäus: 7.12: *Alles, was ihr von anderen erwartet, das tut auch für sie! Darin besteht das Gesetz und die Propheten.*

Die Erbsünde manifestiert sich in der Seele des Menschen. Die Materie, aus welcher der Mensch geschaffen wurde, ist grundsätzlich gut. Sie wurde von Gott geschaffen und von Gott durch die Menschwerdung seiner 2. Hypostase auch in die göttliche Natur aufgenommen. Dass der materielle Leib des Menschen Krankheiten und den Tod erleidet, steht dazu nicht im Widerspruch. Die diesbezüglichen Folgen waren von Anbeginn Inhalt des Schöpfungsplanes B, welcher durch die freie Willensentscheidung des Menschen den Schöpfungsplan A ablöste.

Es kann auch kein Widerspruch darin gesehen werden, dass Gott jede menschliche Seele zum Zeitpunkt des Zeugungsaktes neu erschafft. Die diesbezüglich geschaffene Seele ist im Verhältnis zur ersten von Gott geschaffenen Seele nicht mit Fehlern belastet, sondern sie entspricht dem Schöpfungsplan B. Die Seelen der ersten Menschen, die den Schöpfungsplan A in freier Entscheidung verwarfen und die nach dem Schöpfungsplan A von Gott geschaffen worden waren, mutierten als direkte Strafe für ihr persönlich gesetztes Fehlverhalten in den Schöpfungsplan B.

Schlussfolgerung:

Wenn wir anerkennen, dass einerseits Gott gut ist und daher konsequenterweise nur Gutes geschaffen hat und andererseits vieles am Menschen keineswegs gut ist, so stößt man hier vermeintlich auf einen Widerspruch. Allerdings darf nicht übersehen werden, dass das Schlechte im Menschen nur vom Menschen selbst stammt, welches von ihm unter Missachtung seines Auftrages, sich in echter freier Liebe Gott zuzuwenden, gesetzt wird.

Alles Gute und Böse, das ein Mensch, auch nach Inkraftsetzung von Schöpfungsplan B, vollbringt, entspringt der freien Willensentscheidung, welche seine Seele trifft und die er durch sein Tun und Lassen vollzieht.

Auch der Schöpfungsplan B zwingt den Menschen nicht dazu, Böses zu vollbringen. Allerdings hat der Mensch durch Verwerfung des Schöpfungsplanes A auch die im Plan A vorgesehene direkte Verbindung zu seinem Schöpfer gekappt. Durch den Verlust dieser direkten Verbindung fällt es dem Menschen ab dem Zeitpunkt des Sündenfalles sehr schwer, in jeder Situation das im Schöpfungsplan vorgesehene gottgefällige Verhalten zu erkennen, und noch schwerer, ein solches tatsächlich auszuüben. Dies geht so weit, dass kein Mensch ohne die besondere Gnade Gottes in der Lage ist, fehlerfrei ein gottgefälliges Verhalten zu erbringen.

Das diesbezügliche Manko wurde erst durch Vollzug des im Plan B ebenfalls vorgesehenen Erlösungsaktes des Gekreuzigten geheilt. Durch den Vollzug des Erlösungsaktes wurde sämtliches menschliches Fehlverhalten gesühnt und jedem Menschen die Möglichkeit eröffnet, bei Eingeständnis seines Fehlverhaltens und echter Reue bei Gott Gnade und Verzeihung zu erlangen.

Die Ausnahmen von der Erbsünde

Von der Erbsünde ausgenommen war nach dem Sündenfall der ersten Menschen lediglich Maria als von Gott vorgesehene Mutter des Erlösers. Allerdings galt auch für sie nicht Plan A des Schöpfungsaktes. Gewisse Nachteile des Planes B wie Schmerz, Krankheit und Tod blieben auch für sie erhalten, obwohl ihre Seele in Bezug auf Gott im Zustande der heilig machenden Gnade geschaffen wurde und sie daher das im Schöpfungsplan vorgesehene gottgefällige Verhalten uneingeschränkt erkennen und vollbringen konnte. Daher hätte sie nur ein allfälliges Fehlverhalten – von ihr selbst gesetzt – zu verantworten gehabt. Dies war jedoch nicht der Fall.

4. Kapitel

Jesus von Nazareth

Was sagt das Neue Testament

Johannes: Prolog: 1.1-4:

Im Anfang war das Wort, und das Wort war bei Gott, und das Wort war Gott. Im Anfang war es bei Gott. Durch das Wort ist alles ist geworden, und ohne das Wort wurde nichts, was geworden ist. In ihm war das Leben, und das Leben war das Licht der Menschen.

Johannes: Prolog: 1.9-10:

Das wahre Licht, das jeden Menschen erleuchtet, kam in die Welt. Er war in der Welt, und die Welt ist durch ihn geworden.

Johannes: Prolog: 1.14 :

Und das Wort ist Fleisch geworden und hat unter uns gewohnt.

Johannes: 3.19-21:

Das Licht kam in die Welt, doch die Menschen liebten die Finsternis mehr als das Licht; denn ihre Taten waren böse. Jeder, der Böses tut, hasst das Licht und kommt nicht zum Licht, damit seine Taten nicht aufgedeckt werden. Wer aber die Wahrheit tut, kommt zum Licht, damit offenbar wird, dass seine Taten in Gott vollbracht sind.

Johannes: 8.58:

Amen, Amen, ich sage euch: Noch ehe Abraham wurde, bin ich.

Johannes: 18.36:

Meine Königsherrschaft ist nicht von dieser Welt.

Johannes 20.17:

Ich gehe zu meinem Vater und zu eurem Vater, zu meinem Gott und eurem Gott.

Matthäus: 22.30:
Denn bei der Auferstehung werden sie (die Menschen) nicht mehr heiraten, sondern wie die Engel im Himmel sein.

Matthäus: 22.31,32:
Habt ihr im Übrigen nicht gelesen, was Gott euch über die Auferstehung der Toten mit den Worten gesagt hat: Ich bin der Gott Abrahams, der Gott Isaaks und der Gott Jakobs? Er ist doch nicht der Gott der Gott der Toten, sondern der Gott der Lebenden.

Matthäus: 26.53:
Oder meinst du, ich könnte nicht meinen Vater um Hilfe bitten, und er würde mir sogleich mehr als zwölf Legionen Engel schicken?

Matthäus: 26.63,64:
Bist du der Messias, der Sohn Gottes? Jesus antwortete: »Du sagst es. Und ich versichere euch: Von nun an werdet ihr dem Menschensohn zur Rechten der Kraft sitzen und auf den Wolken des Himmels kommen sehen.«

Matthäus: 27:.46:
Mein Gott, mein Gott, warum hast du mich verlassen?

Matthäus: 28.5-6:
Der Engel aber sagte zu den Frauen: Fürchtet euch nicht! Ich weiß, ihr sucht Jesus den Gekreuzigten. Er ist nicht hier; denn er wurde auferweckt, wie er gesagt hat.

Matthäus: 28.9-10:
Auf einmal trat ihnen Jesus in den Weg und sagte: Seid gegrüßt! Sie gingen auf ihn zu, warfen sich vor ihm nieder und umfassten seine Füße. Da sagte Jesus zu ihnen: Fürchtet euch nicht! Geht und bringt meinen Brüdern die Botschaft, sie sollen nach Galiläa gehen und dort werden sie mich sehen.

Matthäus: 28.16-20:

Die elf Jünger gingen nach Galiläa auf den Berg, den Jesus ihnen genannt hatte. Und als sie Jesus sahen, fielen sie vor ihm nieder. Einige aber hatten Zweifel. Da trat Jesus auf sie zu und sagte zu ihnen: Mir ist alle Macht im Himmel und auf der Erde gegeben. Darum geht zu allen Völkern und macht alle Menschen zu meinen Jüngern, tauft sie auf den Namen des Vaters und des Sohnes und des Heiligen Geistes und lehrt sie, alles zu befolgen, was ich euch geboten habe. Und ich bin bei euch alle Tage bis zur Vollendung der Welt.

Markus: 9.4:

Und es erschien ihnen Elija und mit ihm Mose und sie redeten mit Jesus.

Markus: 12.29 – 31:

Jesus antwortete: Das erste ist: Höre, Israel, der Herr, unser Gott, ist der einzige Herr, und du sollst den Herrn, deinen Gott, lieben von ganzem Herzen und ganzer Seele, mit deinem ganzen Denken und all deiner Kraft. Das zweite ist dies: Du sollst deinen Nächsten lieben wie dich selbst. Kein anderes Gebot ist größer als diese beiden.

Markus: 13. 28 – 32:

Doch jenen Tag und jene Stunde kennt niemand, auch nicht die Engel im Himmel, nicht einmal der Sohn, sondern nur der Vater.

Markus: 14.25:

Ich werde nicht mehr von der Frucht des Weinstockes trinken bis zu dem Tag, an dem ich von neuen davon trinken werde im Reich Gottes.

Markus: 14. 61-62:

Er aber schwieg und gab keine Antwort. Nochmals wandte sich der Hohe Priester an ihn und fragte: »Bist du der Messias, der Sohn des Hochgelobten?« Jesus sagte: »Ich bin es. Und ihr werdet den Menschensohn zur Rechten der Macht sitzen und mit den Wolken des Himmels kommen sehen.«

Lukas: 1.35:

Der Engel antwortete ihr: Heiliger Geist wird über dich kommen, und die Kraft des Höchsten wird dich überschatten. Deshalb wird auch das Kind heilig und Sohn Gottes genannt werden.

Koran: Sure 19.21-23:

Sie aber antwortete: »Wie kann ich einen Sohn bekommen, da mich kein Mann berührt hat und ich auch keine Dirne bin?« Er erwiderte, es wird dennoch so sein; denn dein Herr spricht: »Das ist mir ein Leichtes. Wir machen ihn zu einem Wunderzeichen für die Menschen, und er sei ein Beweis unserer Barmherzigkeit.« So empfing sie den Sohn und sie zog sich mit ihm an einen entlegenen Ort zurück.

Lukas: 2.11:

Heute ist euch der Retter geboren in der Stadt Davids; es ist Christus der Herr.

Lukas: 2.49:

Da sagte er zu ihnen: Wie konntet ihr mich suchen? Wusstet ihr nicht, dass ich im Hause meines Vaters sein muss?

Lukas: 4.6-8:

Und er sagte zu ihm: All diese Macht und die ganze Herrlichkeit dieser Reiche will ich dir geben: denn sie sind mir überlassen, und ich gebe sie, wem ich will. Wenn du mich anbetest, soll dir alles gehören. Jesus antwortete ihm: Es steht geschrieben: Du sollst den Herrn, deinen Gott, anbeten und ihm allein dienen.

Lukas: 6.45:

Ein guter Mensch bringt Gutes hervor, weil in seinem Herzen nur Gutes ist; und ein böser Mensch bringt Böses hervor, weil in seinem Herzen nur Böses ist.

Lukas: 18.32-33:

Er wird den Heiden ausgeliefert, wird verspottet, misshandelt und angespuckt werden und man wird ihn auspeitschen und töten. Aber am dritten Tage wird er auferstehen.

Lukas: 20.34-38:

Da sagte Jesus zu ihnen: Nur in dieser Welt heiraten die Männer und die Frauen. Die aber, die gewürdigt worden sind, an jener Welt und an der Auferstehung der Toten teilzuhaben, heiraten nicht. Sie können dann auch nicht mehr sterben, weil sie den Engeln gleich und durch die Auferstehung zu Söhnen Gottes geworden sind. Dass aber die Toten auferweckt werden, hat schon Mose durch die Stelle vom Dornbusch angedeutet, wo er den Herrn den Gott Abrahams, den Gott Isaaks und den Gott Jakobs nennt. Er ist doch kein Gott von Toten, sondern von Lebenden; für ihn sind alle lebendig.

Lukas: 22.42-43:

Vater, wenn du es willst, nimm diesen Kelch von mir! Aber nicht mein, sondern dein Wille geschehe. Da erschien ihm ein Engel vom Himmel und gab ihm Kraft.

Lukas: 23.46:

Und Jesus rief lauf: Vater, in deine Hände lege ich meinen Geist. Nach diesen Worten starb er.

Lukas: 24.31:

Da gingen ihnen die Augen auf und sie erkannten ihn; doch auf einmal war er nicht mehr zu sehen.

Lukas: 24.46-49:

Er sagte zu ihnen: So steht es geschrieben: Der Messias wird leiden und am dritten Tage von den Toten auferstehen, und in seinem Namen wird man allen Völkern, angefangen mit Jerusalem, die Bekehrung predigen, damit ihre Sünden vergeben werden. Ihr seid die Zeugen dafür. Und seid gewiss: Ich werde zu euch herabsenden, was mein Vater verheißen hat. Bleibt in der Stadt, bis ihr mit der Kraft aus der Höhe ausgestattet seid.

Judasevangelium (Ev. Jud):

(Hier handelt es sich um eine apokryphe Schrift, die wahrscheinlich Mitte des 2. Jahrhundert n. Chr. in einer gnostischen Sekte verfasst wurde. Die Schrift stammt nicht von Judas, sondern ist eine pseudepigrafische Schrift. Sie besteht im Wesentlichen aus Gesprächen zwischen Jesus und den Jüngern bzw. Jesus und Judas an mehreren Tagen kurz vor der Passion.)

Doch du wirst sie alle übertreffen, denn du wirst den Mann opfern, der mich kleidet.

Was sagt die (christliche) Lehre

Der Glaube an die Trinität wurde 451 als christliches Dogma formuliert. Das heißt: Jesus Christus ist einerseits »wahrer Gott« (die zweite Hypostase der Trinität) aber zugleich auch »wahrer Mensch«. Man spricht von den zwei »Naturen« Jesu, einer *göttlichen* und einer *menschlichen.* Beide Naturen sind gemäß dem christlichen Verständnis in Christus lokalisiert und zwar **unwandelbar, ungetrennt, ungeteilt und unvermischt**.

Dies wird auch als die *Zwei-Naturen-Lehre* (**Dyophysitismus**) bezeichnet. Demgemäß ist Christus wahrer Gott, weil er nur so als die wahre Selbstoffenbarung Gottes verstanden werden kann. Dass Gott in ihm zugleich wahrer Mensch ist, soll festhalten, dass die Menschen in ihm wirklich erlöst worden sind.

Dieses Dogma ist bis heute gemeinsame ökumenische Lehrgrundlage der abendländischen christlichen Kirchen, außer für die damals widersprechenden Altorientalischen Kirchen. Auf dieser Basis baute fortan der Hauptstrom der christologischen Diskussion auf. Da dieses Dogma sehr theoretisch fundiert ist, kommt es aber bisweilen zu Asymmetrien zwischen theologischer Reflexion und praktischer Frömmigkeit.

Schlussfolgerung:

Auch der Autor vertritt die Auffassung der zwischen Vater, Sohn und Heiligem Geist bestehenden Trinität und verweist hinsichtlich der diesbezüglichen Stellung des Sohnes auf die zuvor gemachten Ausführungen.

Gesondert zu beleuchten ist jedoch die für Jesus nach seiner Menschwerdung gegebene Situation.

Jesus als Mensch ist zweifelsfrei nicht etwa durch eine Klonung seiner Mutter entstanden. In einem solchen Fall hätte er ja wohl nur in weiblicher Form geboren werden können. Die »Zeugung« des Kindes im Mutterleib fand aber statt, ohne dass diesbezüglich neben seiner Mutter ein weiteres menschliches Wesen einen Beitrag hierzu geleistet hat.

Dass dem so ist, geht eindeutig aus den Ausführungen der Bibel (Lukas 1.35), aber auch des Korans (Sure 19.21-23) hervor. Sowohl in der Bibel wie im Koran wird die »Zeugung« Jesu durch ein direktes Mitwirken Gottes beschrieben. Unter dem Begriff »Mitwirken« kann aber nicht bloße »Erschaffung« gemeint sein.

Johannes führt diesbezüglich im Prolog 1.14 aus: »Und das Wort ist Fleisch geworden und hat unter uns gewohnt.« Bei der Menschwerdung Jesu haben somit zwei Naturen mitgewirkt, nämlich die göttliche – die Kraft des Höchsten-, und die menschliche - das jungfräuliche Mädchen Maria.

Da jedoch Gott, wie bereits anfangs dargelegt, aus keiner geschaffenen Substanz und somit nicht aus Materie besteht und er in Bezug auf den im Mutterleib werdenden Jesus auch keinen Schöpferakt setzte, konnte es im Körper Jesu, der aus Materie der geschaffenen Substanz gebildet wurde und im Mutterleib gewachsen ist, auch zu keiner Vermischung der göttlichen Natur mit der menschlichen Natur kommen. Dennoch wurden beide Naturen Teil der Person Jesu.

Für das von Jesus zu erbringende Sühneopfer war erforderlich, dass beide Naturen in Jesus vorhanden sind. Nachdem durch die Art der Zeugung Jesu keine Mischung der DNA (Samen und Ei) zwischen Mutter und Vater stattfand, wurde auf eine andere Art sichergestellt, dass die Person Jesu einerseits als Mann geboren wurde und andererseits Träger beider Naturen ist.

Durch den Zeugungsvorgang Jesu fand in Bezug auf seinen Körper keine Vermischung »menschlicher und göttlicher« DNA statt. Bereits Irenäus von Lyon lehrte, dass der natürliche Mensch aus Leib und Seele zusammengesetzt und der »vollkommene« Mensch hingegen dreiteilig ist, da der Geist Gottes in die Seele eintrete und sich mit ihr verbinde.

Nach der von der katholischen Kirche einhellig vertretenen Lehre des Kreationismus wird die Seele zum Zeitpunkt der Empfängnis unmittelbar von Gott geschaffen und in den sich bildenden menschlichen Körper eingefügt. Im Fall Jesus ergibt sich hieraus wohl zwingend, dass in der von Gott auch hier geschaffenen menschlichen Seele nicht bloß der Geist Gottes, sondern die göttliche Natur Jesu als 2. Hypostase Gottes Einzug genommen hat und fortan unvermischt und untrennbar mit der menschlichen Seele, die von Gott in diesem Falle wie bereits bei Maria im Zustand der heiligmachenden Gnade geschaffen wurde, vereint bestehen blieb.

Zuordnung der Aussagen Jesus zur göttlichen und menschlichen Natur

Da in der Person Jesu sowohl die göttliche Natur der 2. Hypostase der Trinität wie auch die menschliche Natur, die durch Mitwirkung des Allerhöchsten bei der Zeugung entstand, (der natürliche Mensch besteht ja aus Körper und Seele) unvermischt jedoch untrennbar vorhanden sind, hat dies zur Folge, dass bei Aktionen, die von Jesus gesetzt wurden, stets näher beleuchtet werden muss, ob Initiator der diesbezüglichen Handlung oder Unterlassung (Willensbildung) die menschliche oder die göttliche Natur Jesu (2. Hypostase der Trinität) ist.

Eine diesbezügliche Zuordnung wird allerdings dadurch erschwert, dass dann, wenn Jesus das Wort Vater verwendet, diesem Wort sowohl Gültigkeit in Bezug auf die Göttliche Natur Jesu (2. Hypostase der Trinität) wie auch bezüglich seiner menschlichen Natur (bloße Mitwirkung des Allerhöchsten beim Zeugungsvorgang) zukommt.

Anhand einzelner Bibelzitate wird im Folgenden der Versuch unternommen, eine Zuordnung der jeweiligen Aussagen von Jesus hinsichtlich der beiden in Jesus unvermischt vorhandenen Naturen vorzunehmen.

Die Aussage im Johannesprolog: 1.14 (*Und das Wort ist Fleisch geworden und hat unter uns gewohnt*) kann sich wohl nur auf die göttliche Natur Jesus beziehen. Gleiches gilt für Johannes 3.19-21 (*Das Licht kam in die Welt, doch die Menschen liebten die Finsternis mehr als das Licht; denn ihre Taten waren böse. Jeder, der Böses tut, hasst das Licht und kommt nicht zum Licht, damit seine Taten nicht aufgedeckt werden. Wer aber die Wahrheit tut, kommt zum Licht, damit offenbar wird, dass seine Taten in Gott vollbracht sind.*) und Johannes 8.58 (*Amen, Amen, ich sage euch:*

Noch ehe Abraham wurde, bin ich.) sowie Johannes 18.36 (*Meine Königsherrschaft ist nicht von dieser Welt.).*

Die Äußerung Jesu in Johannes 20.17 (*Ich gehe zu meinem Vater und zu eurem Vater, zu meinem Gott und eurem Gott)* bezieht sich auf die menschliche Natur Jesu. Da Jesus als 2. Hypostase der Trinität selbst Gott ist, macht die Heimkehr zu meinem und eurem Vater nur Sinn, wenn diesbezüglich die Aussage der menschlichen Natur Jesu zugeschrieben wird.

Die Aussage in Matthäus 7.12 (Alles, was ihr von anderen erwartet, das tut auch ihnen! Darin besteht das Gesetz und die Propheten.) ist wohl ebenfalls der menschlichen Natur zuzuschreiben. Diese Aussage kann durchaus von dieser Natur kommen, da auch die menschliche Natur der Seele Jesu sich im Zustand der heiligmachenden Gnade befand.

Hingegen ist die Aussage Jesu in Matthäus 22.30 (*Denn bei der Auferstehung werden sie (die Menschen) nicht mehr heiraten., sondern wie die Engel im Himmel sein.*) eindeutig der göttlichen Natur zuzuordnen. Nur diese hat Kenntnis, wie es um die Menschen nach deren Auferstehung steht.

Die Aussage in Matthäus 26.53 (*Oder meinst du, ich könnte nicht meinen Vater um Hilfe bitten, und er würde mir sogleich mehr als zwölf Legionen Engel schicken?*) ist wiederum der menschlichen Natur Jesu zuzuordnen, denn die göttliche Natur (2. Hypostase der Trinität) würde nicht bitten, sondern verfügen.

Die Aussage in Matthäus 26.63,64 (*Bist du der Messias, der Sohn Gottes? Jesus antwortete: »Du sagst es. Und ich versichere euch: Von nun an werdet ihr den Menschensohn zur Rechten der Kraft sitzen und auf den Wolken des Himmels kommen sehen.«*) geht wiederum auf die göttliche Natur Jesu zurück. Das dort geäußerte Wissen hat Jesus nur auf Grund seiner Stellung als 2. Hypostase der Trinität.

In Matthäus 27.46 (*Mein Gott, mein Gott, warum hast du mich verlassen?*) wird wohl am eindeutigsten sichtbar, dass in der Person Jesus sowohl die göttliche wie die menschliche Natur unvermischt bestehen. Nur die menschliche Natur kann die Angst zum Ausdruck bringen, dass Gott sie verlassen hätte. Die göttliche Natur (2. Hypostase der Trinität) kann sich nicht von Gott verlassen fühlen, da sie ja selbst Teil dieses einen Gottes ist.

In Matthäus 28.9-10 (*Auf einmal trat ihnen Jesus in den Weg und sagte: Seid gegrüßt! Sie gingen auf ihn zu, warfen sich vor ihm nieder und umfassten seine Füße. Da sagte Jesus zu ihnen: Fürchtet euch nicht! Geht und bringt meinen Brüdern die Botschaft, sie sollen nach Galiläa gehen und dort werden sie mich sehen.*) äußert sich die menschliche Natur Jesus und zwar im Zustand nach der Auferstehung vom Tode. Die Aussagen in Matthäus 28.16.20 gehen teilweise auf die menschliche Natur Jesu zurück, denn diese weiß nach der Auferstehung, welche Befugnisse sie nunmehr hat. Hingegen kann das dort ausgesprochene Taufgebot nur von der göttlichen Natur Jesus ausgehen. Nur die 2. Hypostase der Trinität hat die Macht festzuschreiben, auf welche Art und Weise alle Menschen zu Jüngern Jesu gemacht werden können.

Markus 9.4 (*Und es erschien ihnen Elija und mit ihm Mose und sie redeten mit Jesus.*) ist wiederum eindeutig auf die menschliche Natur Jesu zurückzuführen.

Die Aussage in Markus 12.29-31 (*Jesus antwortete: Das erste ist: Höre, Israel, der Herr, unser Gott, ist der einzige Herr, und du sollst den Herrn, deinen Gott, lieben von ganzem Herzen und ganzer Seele, mit deinem ganzen Denken und all deiner Kraft. Das zweite ist dies: Du sollst deinen Nächsten lieben wie dich selbst. Kein anderes Gebot ist größer als diese beiden.*) geht aus der göttlichen Natur hervor. Nur die 2. Hypostase der Trinität kann verbindlich aussagen, welcher Rang den einzelnen Geboten Gottes zukommt.

Die Aussage in Markus 28.32 (*Doch jenen Tag und jene Stunde kennt niemand, auch nicht die Engel im Himmel, nicht einmal der Sohn, sondern nur der Vater.*) bereitet große Schwierigkeiten. Einerseits kann nur die 2. Hypostase der Trinität verbindlich aussagen, dass den Tag und die Stunde des Weltgerichtes auch die Engel im Himmel nicht kennen, andererseits ist es wiederum unmöglich, dass die 2. Hypostase der Trinität diesen Zeitpunkt nicht kennt. Erklärbar ist diese Aussage nur, wenn davon ausgegangen wird, dass hier mit dem Begriff Sohn nur die Beziehung der menschlichen Natur Jesu zum Vater gemeint ist.

Die Aussage in Markus 14.25 (*Ich werde nicht mehr von der Frucht des Weinstockes trinken bis zu dem Tag, an dem ich von neuen davon trinken werde im Reich Gottes*) ist der göttlichen Natur zuzurechnen, da sie eine Aussage über künftige Ereignisse enthält. Ebenso die Aussagen in Markus 14.61-62 (*Er aber schwieg und gab keine Antwort. Nochmals wandte sich der Hohe Priester an ihn und fragte: »Bist du der Messias, der Sohn des Hochgelobten?« Jesus sagte: »Ich bin es. Und ihr werdet den Menschensohn zur Rechten der Macht sitzen und mit den Wolken des Himmels kommen sehen.«*) und Lukas 2.49. (*Da sagte er zu ihnen: Wie konntet ihr mich suchen? Wusstet ihr nicht, dass ich im Hause meines Vaters sein muss?*)
Diese Aussagen beinhalten einerseits die Position Jesu als 2. Hypostase der Trinität wie auch seine Stellung als Mensch, dessen Zeugung durch Mitwirkung des Allerhöchsten erfolgt ist, sowie das Wissen hinsichtlich seines Vaters. Die diesbezüglichen Erkenntnisse sind nur der göttlichen Natur Jesu zugänglich.

Die Versuchung Jesu, in Lukas 4.6-8 wiedergegeben, (*Und er sagte zu ihm: All diese Macht und die ganze Herrlichkeit dieser Reiche will ich dir geben: denn sie sind mir überlassen, und ich gebe sie, wem ich will. Wenn du mich anbetest, soll dir alles gehören. Jesus antwortete ihm: Es steht geschrieben: Du sollst den Herrn, deinen Gott, anbeten und ihm allein dienen.*) richtet sich gegen die menschliche Natur Jesu, da es einerseits keinen Sinn machen würde, wenn der Satan die 2. Hypostase der Trinität als Gott selbst zu einer Fehlhandlung verleiten wollte. Andererseits spricht Jesus in seiner Antwort, dass Gott allein angebetet werden soll. Wenn diesbezüglich von der 2. Hypostase der Trinität ausgesprochen würde, gäbe es ja keinen Sinn, da sie ja selbst vollumfänglich Gott ist. Auch die Aussage in Lukas 6.45 (*Ein guter Mensch bringt Gutes hervor, weil in seinem Herzen nur Gutes ist; und ein böser Mensch bringt Böses hervor, weil in seinem Herzen nur Böses ist.)* ist der göttlichen Natur Jesu zuzuschreiben, ebenso wie die Aussagen in Lukas 18.32-33 (*Er wird den Heiden ausgeliefert, wird verspottet, misshandelt und angespuckt werden und man wird ihn auspeitschen und töten. Aber am dritten Tage wird er auferstehen*) und 20.34-38. (*Da sagte Jesus zu ihnen: Nur in dieser Welt heiraten die Männer und die Frauen. Die aber, die gewürdigt worden sind, an jener Welt und an der Auferstehung der Toten teilzuhaben, heiraten nicht. Sie können dann auch nicht mehr sterben, weil sie den Engel gleich und durch die Auferstehung zu Söhnen Gottes geworden sind. Dass aber die Toten auferweckt werden, hat schon Mose durch die Stelle vom Dornbusch angedeutet, wo er den Herrn, den Gott Abrahams, den Gott Isaaks und den Gott Jakobs nennt. Er ist doch kein Gott von Toten, sondern von Lebenden; für ihn sind alle lebendig*.) All das dort Gesagte verlangt einen Wissensstand, der nur der göttlichen Natur Jesu immanent sein kann.

Das Gebet zum Vater in Lukas 22.42-43 (*Vater, wenn du es willst, nimm diesen Kelch von mir! Aber nicht mein, sondern dein Wille geschehe. Da erschien ihm ein Engel vom Himmel und gab ihm Kraft.*) zeigt in wunderbarer Weise einerseits die Unvermischtheit der göttlichen und menschlichen Natur und andererseits das Zusammenwirken derselben. Offensichtlich hatte die menschliche Natur Jesu vom unmittelbar bevorstehenden Leiden und Tod Kenntnis. Dieser Vorgang muss durch die göttliche Natur Jesu bewirkt worden sein, welche uneingeschränkte Kenntnis über zukünftige Ereignisse hat. Das Gebet richtet sich offensichtlich an den Vater als Mitwirkenden beim Zeugungsvorgang von Jesus, denn dieser Körper wird geschunden und getötet werden. Die in der gemeinsamen Seele ebenfalls und zwar untrennbar manifestierte göttliche Natur Jesu kann einen solchen Hilferuf wohl nicht absenden. Dieser würde sich ja an sich selbst richten, da ja auch die zweite Hypostase der Trinität zusammen mit dem Vater und dem Heiligen Geist uneingeschränkt den einen Gott bildet. Der hierauf erschiene Engel verlieh in der Folge der menschlichen Natur Jesu die Kraft, Folter und Tod zu ertragen.

In Lukas 23.46 (*und Jesus rief lauf: Vater in deine Hände lege ich meinen Geist. Nach diesen Worten starb er*) wird dargetan, wie die menschliche Natur Jesu am Ende seines Leidens und zwar unmittelbar vor dem eintretenden körperlichen Tod den Vater anrief und seinen Geist in dessen Hände legte. Die von Jesus bis zu seinem Tod ertragenen Qualen und sein Sterben erlitt neben den rein körperlichen im Hirn manifestierten Vorgängen auch seine Seele, in welcher seine menschliche wie göttliche Natur untrennbar und unvermischt manifestiert war.

Schlussfolgerung:

Auf Grund des bereits vor Erschaffung des Menschen von Gott in seiner dreipersonalen Einheit festgelegten Erlösungsplanes griff Gott in den vorgesehenen Ablauf desselben nicht ein. Die in der Seele von Jesus manifestierte göttliche Natur erlitt in identer Form die Qualen und Schmerzen wie den Tod des Körpers, mit dem die Seele bis zu dessen Tod untrennbar verbunden blieb. Nur durch Einbindung der 2. Hypostase der Trinität in den Vollzug des Erlösungsaktes konnte vor Gott die Schuld der ersten Menschen gesühnt und die ursprünglich gegebene enge Verbindung zwischen Gott und den Menschen wieder neu errichtet werden.

Der Tod und die Auferstehung Jesu

Mit dem körperlichen Tod Jesu trennte sich seine Seele vom Körper. Die Vereinigung der göttlichen und menschlichen Natur von Jesus bestand in der vom toten Körper gelösten Seele jedoch weiterhin.

Mit der Auferstehung Jesu am Ostersonntag wurde nicht der gefolterte und geschundene Körper Jesu, wie dies noch bei der Wiedererweckung von Lazarus der Fall war, wieder belebt. Der tote, jedoch noch als solcher vorhandene irdische Körper, wurde in einen überirdischer neuen Körper verwandelt, der nicht mehr aus der Materie unseres Universums bestand und daher auch nicht mehr durch die physischen Bedingungen und Möglichkeiten, denen ein aus der Materie unseres Universums bestehender toter Körper unterliegt, eingeengt war.

Allerdings war zwischen der durch den Tod vom Körper getrennten Seele und dem neu erstandenen Körper wiederum eine untrennbare Verbindung hergestellt. Ab nun bilden Seele und Körper für alle Zeiten eine untrennbare Einheit, da gemäß der Aussage von Jesus der auferstandene Körper nicht mehr sterben wird (Lukas: 20.34-38 (*Da sagte Jesus zu ihnen: Nur in dieser Welt heiraten die Männer und die Frauen. Die aber, die gewürdigt worden sind, an jener Welt und an der Auferstehung der Toten teilzuhaben, heiraten nicht. Sie können dann auch nicht mehr sterben, weil sie den Engel gleich und durch die Auferstehung zu Söhnen Gottes geworden sind. Dass aber die Toten auferweckt werden, hat schon Mose durch die Stelle vom Dornbusch angedeutet, wo er den Herrn den Gott Abrahams, den Gott Isaaks und den Gott Jakobs nennt. Er ist doch kein Gott von Toten, sondern von Lebenden; für ihn sind alle lebendig.*))

Wenn im Neuen Testament in diesem Zusammenhang zum Teil von Auferweckung bzw. Auferstehung gesprochen wird, sind diese Begriffe wohl als synonym einzustufen, da der Auferstehungsvorgang und die Gestaltung des verwandelten und somit neuen Körpers von Gott vorgenommen wurde. Dies geschah ebenfalls durch die zweite Hypostase der Trinität, welche ja alle sichtbaren und unsichtbaren Dinge geschaffen hat.

Diese zweite Hypostase der Trinität ist seit dem Beginn des Erlösungsaktes und der in diesem Zusammenhang geschaffenen menschlichen Seele unvermischt und untrennbar manifestiert. Dass dem so ist, kann auch aus den Ausführungen bei Lukas: 24.31 (*Da gingen ihnen die Augen auf und sie erkannten ihn; doch auf einmal war er nicht mehr zu sehen.)* und 24.46-49 (*Er sagte zu ihnen: So steht es geschrieben: Der Messias wird leiden und am dritten Tage von den Toten auferstehen, und in seinem Namen wird man allen Völkern, angefangen mit Jerusalem, die Bekehrung predigen, damit ihre Sünden vergeben werden. Ihr seid die Zeugen dafür. Und seid gewiss: Ich werde zu euch herabsenden, was mein Vater verheißen hat. Bleibt in der Stadt, bis ihr mit der Kraft aus der Höhe ausgestattet seid.*) abgeleitet werden.

Tod und Auferstehung Jesu sind auch unabhängig von den Aussagen im Neuen Testament als wahrhaft gegeben anzusehen. Dies ergibt sich aus folgenden Überlegungen: Die jüdische Obrigkeit, die vehement bei Pilatus den Kreuzestod Jesu bei Pilatus forderte und die diesbezügliche Verurteilung von Jesus durchsetzte, hat mit Sicherheit dafür gesorgt, dass vor der Abnahme von Jesus vom Kreuz geprüft wurde, dass Jesus auch wirklich tot war. Zudem haben die Juden dafür gesorgt, dass Pilatus das Grab, in welches Jesus gelegt wurde, von Soldaten bewachen ließ.

Hätte sich nun der Leichnam von Jesus auch nach dem Ostersonntag noch in diesem bewachten Grab befunden, wäre es sowohl für die Juden wie für die römische Besatzung ein Leichtes gewesen, die Behauptungen der Jünger Jesu, dass der am Kreuz gestorbene Jesus auferstanden sei bzw. von Gott auferweckt worden sei, als Lüge(n) zu entlarven. Sie hätten nur den Leichnam von Jesus vorzeigen müssen. Dies wäre mit an Sicherheit grenzender Wahrscheinlichkeit auch geschehen, wenn der Leichnam Jesu noch vorhanden gewesen wäre.

Aber auch die Behauptung, dass die Jünger den Leichnam Jesu aus dem bewachten Grab gestohlen oder gar geraubt hätten, ist völlig unglaubwürdig. Wie hätte dies von den zerstreuten und verschreckten Jüngern überhaupt bewerkstelligt werden können? Ferner ist zu hinterfragen, wer von den Jüngern, die bei der Verhaftung von Jesus die Flucht ergriffen – Petrus leugnete sogar, Jesus zu kennen –, unter Lebensgefahr bereit gewesen wäre, das mit der Entwendung des Leichnams aus dem Grab für sie damit verbundene Risiko einzugehen. Dies aber auch deshalb, weil ohne die wirklich erfolgte Auferstehung von Jesus ja seine Lehre bedeutungslos gewesen wäre. Jedem, der bei einer solchen Tat mitgewirkt hätte, wäre zudem bewusst gewesen, dass er mit der dann behaupteten Auferstehung des am Kreuz Gestorbenen eine Lüge verbreitet hätte. Es erscheint mir völlig ausgeschlossen, dass in der Folge keiner der Jünger Jesu selbst unter Folter und angedrohtem Tod nur zur Aufrechterhaltung eines Lügengebäudes nicht den dann ja vorliegenden Schwindel gestanden hätte.

Als langjähriger Verteidiger in Strafsachen und Rechtsanwalt steht für mich auch aus den zuvor dargelegten Gründen außer Zweifel, dass die Jünger Jesu von seiner Auferstehung vollkommen überzeugt waren und dass dies nur deshalb der Fall war, weil sie Jesus nach seinem Kreuzestod lebendig gesehen und erlebt haben und so auf diese Weise ihre eigenen Zweifel hinsichtlich einer möglichen Auferstehung von den Toten beseitigt worden sind.

5. Kapitel

Auferstehung und neuer Körper des Menschen

Die Auferstehung der Menschen und der neue Körper

Jesus versichert, dass es eine Auferstehung der Menschen geben wird und diese dann sein werden wie die Engel im Himmel. ((*Siehe **Matthäus: 22.30:** Denn bei der Auferstehung werden sie (die Menschen) nicht mehr heiraten, sondern wie die Engel im Himmel sein.*))

Der Apostel Paulus führt in seinem ersten Brief an die Korinther 15,42-50 hierzu aus, dass ein irdischer Leib gesät und ein überirdischer Leib auferweckt wird. Der erste Mensch stamme von der Erde und sei Staub; der zweite Mensch stamme vom Himmel. Wie der erste Mensch irdisch gewesen sei, so seien es auch seine Nachfahren und wie der zweite Mensch himmlisch sei, so seien es auch seine Nachfahren. Wie wir das Bild des Irdischen getragen hätten, so würden wir auch das Bild des Himmlischen tragen. Fleisch und Blut könnten das Reich Gottes nicht erben, denn das Vergängliche erbe nicht das Unvergängliche. Der Apostel Paulus führt im vorerwähnten selben Brief an die Korinther in 15.13-15 ferner aus, dass, wenn es keine Auferstehung der Toten gebe, auch Christus nicht auferweckt worden wäre. Wäre aber Christus nicht auferweckt worden, dann wären seine *(des Paulus)* Verkündigung und der Glaube der Korinther nichts. Sie würden dann alle als falsche Zeugen Gottes entlarvt.

Schlussfolgerung

Die Auferstehung von den Toten wurde uns von Jesus selbst bestätigt. Ebenso, dass wir dann jedoch keinen mit dem irdischen Körper identen Körper mehr haben werden. Auch aus der

Aussage des Apostels Paulus im vorher erwähnten ersten Korintherbrief geht dies eindeutig hervor.

Der überirdische Leib, den wir empfangen, kann per se nicht identisch sein mit unserem irdischen Körper. Wäre dem so, so wäre ja auch der neue Körper wiederum sterblich, denn alles, was aus der geschaffenen Substanz (Materie, die durch den Urknall freigesetzt wurde) besteht, wird sich wiederum auflösen. Somit wäre auch ein neu erschaffener Körper diesem Vorgang unterworfen. Es macht ja keinen Sinn, wenn auch der neue unsterbliche Körper Mängel eines irdischen Körpers aufweisen würde. Es wird hierbei auch keinen Unterschied zwischen dem Körper eines Kindes und eines Greises geben. Dies schon deshalb, weil die diesbezüglichen Körper sich lediglich aufgrund der zeitbezogenen Entwicklung unterscheiden.
Auch der neue Körper von Jesus war, trotz der Wundmale, die er seinen Jüngern vorzeigte, nicht ident mit dem Körper, der nach den erlittenen Qualen am Kreuz gestorben ist. Es gibt auch keinen Hinweis, dass der auferstandene Körper Jesu Spuren der Geißelung und der Dornenkrone aufgewiesen hätte. Zudem war dieser Körper weder an die physikalischen Gesetze gebunden noch galten für ihn die Beschränkungen von Raum, Zeit und uns bekannten Dimensionen.

Anmerkungen

Mit den nachfolgenden Anmerkungen wird einerseits eine Definition von Begriffen vorgenommen und dargetan, wie die diesbezüglichen Begriffe im Rahmen dieses Aufsatzes vom Autor verstanden werden. Andererseits werden aber auch Äußerungen Dritter wiedergegeben und oder auf solche hingewiesen, ohne dass damit zum Ausdruck gebracht werden soll, dass der Autor die diesbezüglich dort zum Ausdruck gebrachte Meinung teilt bzw. sogar die diesbezügliche Auffassung vertritt. Eine Reihe von Hinweisen auf Autoren und von diesen vertretenen Auffassungen ist lediglich erfolgt, um dem Leser dieses Aufsatzes eine Hilfestellung zur eigenen Meinungsfindung zu geben. Ausdrücklich wird darauf hingewiesen, dass aufgrund der Komplexität und der Vielfalt der angesprochenen Sachverhalte die in den Anmerkungen vorgenommenen Hinweise nur bruchstückhaft erfolgt sind und diesbezüglich auch keinerlei inhaltliche Gewichtung vorgenommen worden ist.

1. Kapitel: Wer ist Gott

1. Mit dem Begriff »Gott« wird hier der Schöpfer des Universums und somit jenes geistige Wesen verstanden, welches einerseits alle sichtbaren und unsichtbaren Dinge des Universums erschaffen hat und andererseits auch der Schöpfer aller geistigen Wesen ist, die vor dem Urknall geschaffen wurden und auch nach dem Urknall noch fortlaufend geschaffen werden (menschliche Seele). Gott wird als Wesen gesehen, das allmächtig, allwissend, allgegenwärtig und gerecht ist, und das das Gute verkörpert und dem das Böse fern ist. Ferner wird Gott als das Wesen gesehen, das keinen Anfang und kein Ende hat und als Wesenseinheit in einer dreipersonalen Form (Vater, Sohn und Heiliger Geist) jedoch nicht in Form dreier Substanzen besteht.
2. Unter Schubertmesse ist hier Franz Schubert, Deutsche Messe 5. Satz »Heilig, heilig« gemeint.
3. Mit dem Begriff »Singularität« wird hier die Anfangssingularität verstanden, wo weder Raum noch Zeit vorhanden sind.
4. Mit dem Begriff »Urknall« wird hier der absolute Ausgangspunkt unseres Universums verstanden, mit welchem Raum und Zeit erst entstanden.
5. Mit dem begriff »Universum« ist hier die vorgefundene Anordnung aller Materie und Energie, angefangen bei den elementaren Teilchen bis hin zu den großräumigen Strukturen wie Galaxien und Galaxienhaufen gemeint.
6. Arius war ein christlicher Presbyter aus Alixandria. Nach ihm ist die Lehre des Arianismus benannt. Arius vertrat die Auffassung, dass der Logos und der Vater nicht gleichen Wesens seien und somit der Sohn ein Geschöpf des Vaters sei und dass es eine Zeit gegeben habe, als der Sohn nicht existierte und er somit einen Anfang gehabt habe. Es gäbe nur einen wahren Gott und Jesus Christus

sei ein besonders ausgezeichnetes Geschöpf, dem das Wesen des Vaters unerkennbar sei. Gott – Vater und Jesus seien daher nicht gleichen Wesens.

7. Unter dem Begriff der Trinität wird hier die Wesenseinheit Gottes in einer dreipersonalen Form bzw. Hypostasen bezüglich Vater, Sohn und Heiliger Geist verstanden.

2. Kapitel
Erschaffung und Tod des Menschen

1. Unter dem Begriff Genesis wird das 1. Buch Mose verstanden, welches das 1. Buch des jüdischen Tanach wie auch des christlichen Alten Testaments und somit das erste Buch der verschiedenen Bibelkanons ist.
2. Nach biblischer Überlieferung führte der Prophet Mose als von Gott Beauftragter das Volk der Israeliten aus der ägyptischen Sklaverei in das kanaanäische Land. Auf dem Berg Sinai wurden Mose von Gott die Zehn Gebote in Form von zwei Gesetzestafeln übergeben.
3. Als Sündenfall wird in der christlichen Theologie ein symbolisches Ereignis, das in der Bibel (Gen 3 EU) als der Verzehr der verbotenen Frucht des Baumes der Erkenntnis (Erkenntnis des Guten und Bösen) durch das erste Menschenpaar (Adam und Eva) bekannt ist, bezeichnet. Sie deutet dies zugleich als die Unheilsgeschichte der Menschheit begründende Ursünde.
4. Der erste Johannesbrief im Neuen Testament ist einer der sog. sieben Katholischen Briefe.
5. Der Brief an die Römer ist einer der im Neuen Testament aufgeführten dreizehn Briefe des Apostel Paulus .
6. Der Kreatianismus im Hinblick auf die menschliche Seele wurde als erstes von Laktanz klar und nachdrücklich vertreten. Hierunter versteht man, dass die Seele weder vor der Zeugung bereits in einer geistigen Welt existiert, noch durch die Fortpflanzung von den Eltern empfangen wird.
7. Lactantius war ein aus der römischen Provinz Africa stammender lateinischer Rhethoriklehrer und christlicher Apologet. Er ist um 250 geboren und um 320 gestorben und wird zu den Kirchenvätern gezählt.
8. Johann Batist Metz, kath. Fundamentaltheologe und Schüler von Karl Rahner, geb. am 5. Aug. 1928.

9. René Descartes, geb. 31. März 1596 in La Haye en Touraine und gestorben 1650 in Stockholm, war französicher Philosoph, Mathematiker und Naturwissenschaftler.
10. Irenäus von Lyon, geb. um 135 und gest. um 200, gilt als einer der bedeutendsten Theologen des 2. Jh. und einer der ersten systematischen Theologen des Christentums.
11. Hieronymus, geb. 347 und gest. 30. Sept. 420, in Bethlehem war Gelehrter und Theologe der alten Kirche. Er gehört in der kath. Kirche zusammen mit Ambrosius von Mailand, Augustinus und Papst Gregor I. zu den vier spätantiken Kirchenlehrern des Abendlandes.
12. Augustinus von Hippo, geb. 354 und gest. 430, war einer der vier lateinischen Kirchenlehrer der Spätantike und wichtiger Philosoph. Wie sein Vater war er Heide und ließ sich unter dem Einfluss der Predigten des Bischofs Ambrosius von Mailand im Jahr 387 taufen. Von 395 bis zu seinem Tode war er Bischof von Hyppo Regius.
13. Das Evangelium der Maria gehört zu den Apokryphen des Neuen Testaments. Es handelt sich um eine gnostische Schrift, die auf etwa 160 n.Chr. datiert wird. Bei der Maria, die dem Evangelium den Namen gab, handelt es sich möglicherweise um Maria Magdalena.
14. Albrecht von Haller, geb. 16. Okt 1708, gest. 12. Dez. 1777, war Schweizer Mediziner, Botaniker und Wissenschaftspublizist in der Zeit der Aufklärung.
15. Samuel Thomas von Soemmering, geb. 28. Jän. 1755, gest. 2. März 1830 in Frankfurt am Main, war ein deutscher Anatom, Anthropologe, Paläontologe und Erfinder. Er entdeckte den gelben Fleck der Netzhaut des menschl. Auges. Seine Untersuchungen über das Gehirn und das Nervensystem machten ihn zu einem der bedeutendsten deutschen Anatomen.
16. Benjamin Libet, geb. 12. April 1916 und gest. am 23. Juli 2007, in Davis, Kalifornien war von 1949 bis zu seiner Emeritierung Professor an der Univrsität of California, San

Francisco. Bekanntheit über das Fachpublikum hinaus erlangte Libet Anfang der 1980er Jahre aufgrund eines als »Libet Experiment« bekannt gewordenen Versuchs zur Messung der zeitlichen Abfolge bewusster Handlungsentscheidungen und ihrer motorischen Umsetzungen. Dies löste eine kontroverse Diskussion über die Freiheit des menschlichen Willens aus.

17. Der Brief an die Korinther ist einer der im Neuen Testament angeführten Briefe des Apostel Paulus.

3. Kapitel
Die Erbsünde und ihre Folgen

1. Der Katechismus der kath. Kirche von 1993 beschreibt die Auslösung des Sündenfalls durch das verbotene Essen vom Baum der Erkenntnis, was den Verlust der ursprünglichen Harmonie von Schöpfer und Geschöpf nach sich zog. Adam und Eva verlieren sogleich die Gnade der ursprünglichen Heiligkeit.
2. Nach der Lehre der nicht reformierten Kirchen (kath. Kirche, orthodoxe Kirche, orientalische Kirche) dient die von Christus eingesetzte und daher heilige Kirche durch ihre Sakramente als Werkzeug der göttlichen Gnade, ohne welche der Mensch nicht Gutes im Sinne des Heligen Geistes vollbringen kann. Der Empfang der Taufe oder der implizierte oder explizite Wunsch danach (Wunschtaufe) ist heilsnotwendig. Dem Menschen ist es aber immer möglich, sich aus freien Stücken von Gott abzuwenden und dadurch das Heil zu verfehlen.
3. Gemeinsam haben alle kirchlichen Traditionen die eindeutigen Angaben im Neuen Testament, wonach Taufe durch einen irdischen Kirchenvertreter oder direkt durch Gott im Heiligen Geist erfolgen kann.
4. Luis de Molina, jesuitischer Theologe, geb. im Sept. 1535, gest. 12. Okt. 1600 in Madrid, bedingt das Zusammenwirken von göttlicher Gnade und freiem Willen die Rechtfertigung und auch die sittlichen Akte. Da Gott im Voraus weiß, wie seine frei geschaffenen Geschöpfe sich unter den vorgegebenen Bedingungen entscheiden werden, kann Gott die Verhältnisse so schaffen, dass die Menschen sich frei nach seinem Ratschluss entscheiden. Gegen diese Auffassung wandte sich die prämotio Lehre der Thomisten. Im Jahr 1607 verbot Papst Paul V. die weitere Diskussion bis zu einem päpstlichen Entscheid. Dieser Entscheid erfolgte nie, sodass das Unentschieden von 1607 heute als definitiv gilt.

5. Das Konzil von Trient stellte im Decretum de Peccato Originali fest, dass alle Menschen mit Ausnahme von der Muttergottes als »neuer Eva« von der Erbsünde betroffen sind.

4. Kapitel
Jesus von Nazareth

1. Das Judasevangelium, abgekürzt *Ev.Jud,* ist eine apokryphe Schrift, die wahrscheinlich Mitte des 2. Jahrhunderts n. Chr. in einer gnostischen Sekte verfasst wurde. Die Schrift stammt nicht von Judas, sondern ist eine pseudepigrafische Schrift. Erstmals erwähnt und beschrieben wird sie von Irenäus von Lyon um 180 n. Chr.. Bis in die 1970er Jahre galt sie als verschollen. 1976 wurde ein Papyrus aus dem 4. Jahrhundert, der so genannte Codex Tchacos, entdeckt, der das Judasevangelium in koptischer Übersetzung enthält. Diese Handschrift wurde erstmals im April 2006 von Rodolphe veröffentlicht. Der koptische Text gilt als spätere Version des ursprünglich griechisch geschriebenen Judasevangeliums.
2. Das Konzil von Chalcedon 451 n. Chr. bekräftigte den Begriff Theotokos für Maria (siehe Heiner Grote: Maria/Marienfrömmigkeit II; Theologische Realenzyklopädie, Band 22; S. 121f.). *»Vor aller Zeit wurde er aus dem Vater gezeugt seiner Geburt nach, in den letzten Tagen aber wurde derselbe für uns und um unseres Heiles willen aus Maria, der Jungfrau, der Gottesgebärerin, der Menschheit nach geboren.«* Das Athanasische Glaubensbekenntnis lautete: *Gott ist er aus der Wesenheit des Vaters von Ewigkeit gezeugt, und Mensch ist er aus der Wesenheit der Mutter in der Zeit geboren.* Das 2. Konzil von Konstantinopel (553 n. CHr.) formulierte dann wie folgt: *»Der Logos hat Fleisch angenommen von der heiligen ruhmreichen Gottesgebärerin und Immerjungfrau (semper virgo) Maria und wurde von ihr geboren.«* Da nach altkirchlicher Auffassung Jesus nur als vollkommen sündloser Mensch, alle Menschen von der Erbsünde befreien konnte, musste auch Maria, die ihm seine Menschlichkeit

gab, sündlos gewesen sein. Die Lateransynode (649 n. Chr.) unter Papst Martin I. erklärte deshalb in Canon 3 den Glauben an die immerwährende Jungfräulichkeit Marias und ihre unbefleckte Empfängnis (immaculata conceptio) für heilsnotwendig. (Siehe Alfred Läpple: Lesebuch zum Katholischen Erwachsenenkatechismus; Aschaffenburg: Pattloch, 1986; ISBN 3-557-91345-7; S. 201.) Josef Ratzinger, der spätere Papst Benedikt XVI., vertrat 1968 die Auffassung, dass es sich bei der Empfängnis Jesu nicht um eine Zeugung durch Gott, sondern um eine Neuschöpfung handelt: *»Gott wird dadurch nicht etwa zum biologischen Vater Jesu ...«* Denn dies hätte zur Folge, dass man annehmen müsse, dass Jesus halb Gott, halb Mensch sei. Sein Gottsein mache ihn aber nicht weniger zum Menschen. Ratzinger bezeichnete es für den christlichen Glauben als immer schon grundlegend, dass Jesus ganz Gott und ganz Mensch sei. (Siehe Joseph Ratzinger: *Einführung in das Christentum,* München 1968, ISBN 3-466-20455-0, zweiter Hauptteil: Jesu Christus, zweites Kapitel. Im Koran wird Jesus immer Isa bin Maryam (»Jesus, Sohn Marias«) genannt. Damit wird seine Gottessohnschaft abgelehnt. Andererseits wird die Jungfräulichkeit Marias übernommen und betont (Sure19:17-21) Allerdings wird im Koran auch ausgeführt, dass der Heilige Geist (im Koran oft in Gestalt des Erzengels Gabriel gesehen) die Botschaft hinsichtlich der Geburt Jesu gebracht hat. Damit teilt der Koran den Glauben an die Zeugung Jesu ohne einen biologischen Vater als Wunder Gottes und Zeichen seiner Macht.

3. Christus schuf sich die Mutter, als er beim Vater war, und als er geboren wurde aus der Mutter, blieb er im Vater. Wie sollte er aufhören, Gott zu sein, als er Mensch zu sein begann, der seiner Gebärerin gewährte, nicht aufzuhören, Jungfrau zu sein, als sie gebar? Dadurch, dass das Wort Fleisch geworden ist, ist das Wort nicht untergegangen

und auch nicht in Fleisch verwandelt worden, sondern das Fleisch kam zum Wort dazu, damit es selbst nicht untergehe. Wie der Mensch aus Seele und Leib besteht, so ist Christus Gott und Mensch. Derselbe Gott, der auch Mensch ist, und der Gott ist, derselbe ist auch Mensch, nicht durch Vermischung der Naturen, sondern durch die Einheit der Person. (Siehe Augustinus Sermo 186, 1 um 411.)

4. Die Glaubensaussage »Jesus wurde von den Toten auferweckt« bedeutet biblisch und bei Paulus eine restlose Verwandlung des sterblichen Körpers. Dieser Glaube schloss die Annahme eines leer gewordenen Grabes notwendig ein, auch wenn dies unausgesprochen blieb. (Siehe Bertold Klappert: Diskussion um Kreuz und Auferstehung, Wuppertal 1967, S. 16; Werner Georg Kümmel: Heilsgeschehen und Geschichte, Marburg 1965, S. 164; Wolfgang Nauck: Die Bedeutung des leeren Grabes für den Glauben an den Auferstandenen, ZNW 47, 1956, S. 243 – 267.)
5. Im siebten Jahrhundert verurteilte die elfte Synode von Toledo in einem Glaubensbekenntnis den Adopianismus und verwendet die Formulierung, »Christus sei aus eigener Kraft von den Toten erstanden«.
6. Der Katechismus der Katholischen Kirche (1997/2003) beschreibt die Auferstehung Jesu Christi gleichzeitig als geschichtliches und transzendentes Ereignis und als Werk der Dreieinigkeit. Sie sei durch den Willen des Vaters, durch die göttliche Macht Jesu Christi und das Wirken des Heiligen Geistes geschehen.
7. Wir dürfen davon ausgehen, dass unser ewiger Auferstehungskörper in Kontinuität und Diskontinuität zum zeitlichen Körper steht. Die Kontinuität besteht darin, dass wir es immer noch sind, aber es sind doch auch solche Veränderungen vor sich gegangen, die ich unter dem Stichwort »geheilt« zusammenfassen würde. Wir werden nicht mehr

unsere Krankheiten und die Zeichen des Todes an uns tragen, aber wir werden immer noch wir sein und nicht etwa einen Einheitskörper bekommen, der vielleicht nach den derzeitigen Modelmaßen bemessen ist. (Siehe Thomas Jeising, Bibel und Gemeinde 111, Band 3 (2011), S. 57.)

5. Kapitel
Auferstehung und neuer Körper des Menschen

1. Wie die Saduzäerfrage (Mk 12,18-27) zeigt, war die leibliche Auferstehung im palästinischen Judentum des 1. Jahrhunderts ein Streitthema. Die Sadduzäer lehnten diesen Glauben ab, da er in der Tora, die für sie alleingültige Offenbarungsurkunde war, nirgends direkt vorkommt. Die Pharisäer dagegen glaubten im Anschluss an spätere jüdische Schriften überwiegend an die Auferstehung der Gerechten (2. Makkabäerbuch), manche auch an die Auferstehung aller Toten zum Endgericht (Danielbuch),
2. Die griechischen Verben *Auferwecken* und *Auferstehen* bezeichnen in Neuen Testament denselben Sachverhalt.
3. Gott habe Jesus am »dritten Tag« seit seiner Kreuzigung unter Pontius Pilatus (etwa eineinhalb Tage nach seinem Tod) auferweckt. Das ist das zentrale Glaubensbekenntnis des Urchristentums. Diese Tat Gottes feiert das Christentum am jährlichen Osterfest, dem christlichen Hauptfest.
4. Kirchliche Auferstehungslehren unterscheiden sowohl unsterbliche Seele und sterblichen Leib bei Menschen allgemein, die ihre Auferstehung wieder vereinen soll, als auch die Auferstehung Jesu Christi als Gottes alleinigen Willensakt von der folgenden Auferstehung aller Sterblichen durch das kommende Handeln Jesu Christi. Der genaue Ablauf der Auferstehung ist konfessionell umstritten: besonders die Frage, ob die allgemeine Totenauferweckung am Jüngsten Tag mit der Erweckung der getauften Christen zusammenfallen werde, oder ob sie – wie vielerorts angenommen wird – unmittelbar nach dem irdischen Tod erfolgt, Jesus gleich am dritten Tag. (Siehe Erster Brief des Apostel Paulus an die Thessalonicher (1. Thess 4,13ff.) Im Schreiben der Kongregation für die Glaubenslehre der römisch-katholischen Kirche vom 17. Mai 1979 wird ausgeführt: *»Die Kirche hält an der Fortdauer und Subsistenz eines*

*geistigen Elements nach dem Tode fest, das mit Bewußtsein und Willen ausgestattet ist, so daß das Ich des Menschen weiterbesteht, wobei es freilich in der Zwischenzeit seiner vollen Körperlichkeit entbehrt. Um dieses Element zu bezeichnen, verwendet die Kirche den Ausdruck »Seele«, der durch den Gebrauch in der Heiligen Schrift und in der Tradition sich fest eingebürgert hat. Die Kirche erwartet gemäß der Heiligen Schrift »die Erscheinung unseres Herrn Jesus Christus in Herrlichkeit, die nach ihrem Glauben jedoch als unterschieden und abgesetzt zu verstehen ist von der Situation des Menschen unmittelbar nach seinem Tod. Die Kirche schließt in ihrer Lehre über das Schicksal des Menschen nach seinem Tod, jede Erklärung aus, die die Bedeutung der Aufnahme Mariens in den Himmel an jenem Punkt auflösen würde, der ihr allein zukommt: dass nämlich die leibliche Verherrlichung der allerseligsten Jungfrau die Vorwegnahme jener Verherrlichung ist, die für alle übrigen Auserwählten bestimmt ist. Die Kirche glaubt an die Seligkeit der Gerechten, die einmal bei Christus sein werden. Ebenso glaubt sie, daß eine ewige Strafe den Sünder so trifft, dass er der Anschauung Gottes beraubt wird und dass die Auswirkung dieser Strafe das ganze Sein des Sünders erfaßt.« (*Siehe Amtliche Veröffentlichung (lateinisch) AAS 71 (1979), 939-943, als PDF